MORAL SOCIAL

Dados Internacionais de Catalogação na Publicação (CIP)
(Câmara Brasileira do Livro, SP, Brasil)

Almeida, André Luiz Boccato de
  Moral Social / Fr. André Luiz Boccato de Almeida. – Petrópolis, RJ : Vozes, 2021. – (Coleção Iniciação à Teologia)

  ISBN 978-65-571-3027-8

  1. Cristianismo 2. Diálogos 3. Globalização 4. Teologia Moral 5. Teologia Sistemática I. Título II. Série.

20-49279   CDD-241

Índices para catálogo sistemático:
1. Teologia Moral : Cristianismo   241

Maria Alice Ferreira – Bibliotecária – CRB-8/7964

FR. ANDRÉ LUIZ BOCCATO DE ALMEIDA, OP

MORAL SOCIAL

Petrópolis

© 2021, Editora Vozes Ltda.
Rua Frei Luís, 100
25689-900 Petrópolis, RJ
www.vozes.com.br
Brasil

Todos os direitos reservados. Nenhuma parte desta obra poderá ser reproduzida ou transmitida por qualquer forma e/ou quaisquer meios (eletrônico ou mecânico, incluindo fotocópia e gravação) ou arquivada em qualquer sistema ou banco de dados sem permissão escrita da editora.

CONSELHO EDITORIAL

Diretor
Gilberto Gonçalves Garcia

Editores
Aline dos Santos Carneiro
Edrian Josué Pasini
Marilac Loraine Oleniki
Welder Lancieri Marchini

Conselheiros
Francisco Morás
Ludovico Garmus
Teobaldo Heidemann
Volney J. Berkenbrock

Secretário executivo
João Batista Kreuch

Editoração: Maria da Conceição B. de Sousa
Diagramação: Raquel Nascimento
Revisão gráfica: Nilton Braz da Rocha
Capa: Editora Vozes

ISBN 978-65-571-3027-8

Editado conforme o novo acordo ortográfico.

Este livro foi composto e impresso pela Editora Vozes Ltda.

Sumário

Apresentação à segunda edição da Coleção Iniciação à Teologia, 7

Prefácio, 11

Introdução, 13

Parte I – Desafios e perspectivas contemporâneas, 15

1 Desafios teológico-sociais do passado, 19

2 Desafios teológico-sociais de hoje, 42

3 Perspectivas atuais de diálogo na moral social de inspiração cristã, 74

Parte II – Fundamentos e fontes teológicas da moral social, 97

1 Perspectivas e fontes bíblicas, 103

2 Fundamentos e perspectivas patrísticas e medievais, 118

3 Principais fontes do magistério pontifício social: de Leão XIII a Francisco, 142

4 Fontes do magistério episcopal latino-americano: Celam, CNBB e cartas – Anexos e estudos, 198

Referências, 201

Índice, 217

Apresentação à segunda edição da Coleção Iniciação à Teologia

Uma coleção de teologia, escrita por autores brasileiros, leva-nos a pensar a função do teólogo no seio da Igreja. Tal função só pode ser entendida como atitude daquele que busca entender a fé que professa, e, por isso, faz teologia. Esse teólogo assume, então, a postura de produzir um pensamento sobre determinados temas, estabelecendo um diálogo entre a realidade vivida e a teologia pensada ao longo da história, e se caracteriza por articular os temas relativos à fé e à vivência cristã a partir de seu contexto. Exemplos claros desse diálogo, com situações concretas, são Agostinho ou Tomás de Aquino, que posteriormente tiveram muitas de suas teorias incorporadas à doutrina cristã-católica, mas que a princípio buscaram estabelecer um diálogo entre a fé e aquele determinado contexto histórico. Como conceber um teólogo que se limita a reproduzir as doutrinas pensadas ao longo da história? Longe de ser alguém arbitrário ou que assuma uma posição de déspota, o teólogo é aquele que dialoga com o mundo e com a tradição. Formando a tríade teólogo-tradição-mundo, encontramos um equilíbrio saudável que faz com que o teólogo ofereça subsídios para a fé cristã, ao mesmo tempo que é fruto do contexto eclesial em que vive.

Outra característica que o acompanha é a de ser filho da comunidade eclesial, e, como tal, deve fazer de seu ofício um serviço aos cristãos. Se consideramos que esses cristãos estão inseridos em realidades concretas, cada teólogo é desafiado a oferecer pistas, respostas ou perspectivas teológicas que auxiliem na construção da identidade cristã que nunca está fora de seu contexto, mas acontece justamente na relação dialógica com ele. Se o contexto é sempre novo, também a teologia se renova. Por isso o teólogo olha novos horizontes e desbrava novos caminhos a partir da experiência da fé.

O período do Concílio Vaticano II (1962-1965) consagrou novos ares à teologia europeia, influenciada pela *Nouvelle Théologie*, pelos movimentos bíblicos e litúrgicos, dentre outros. A teologia, em contexto de modernidade, apresentou sua contribuição aos processos conciliares, sobretudo na perspectiva do diálogo que ela própria estabelece com a modernidade, realidade latente no contexto europeu. A primavera teológica, marcada por expressiva produção intelectual e pelo contato com as várias dimensões humanas, sociais e eclesiais, também chega à América Latina. As conferências de Medellín (1968) e Puebla (1979) trazem a ressonância de vários teólogos latino-americanos que, diferente da teologia europeia, já não dialogam com a modernidade, mas com suas consequências, vistas principalmente no contexto socioeconômico. Desse diálogo surge a Teologia da Libertação e sua expressiva produção editorial. A Editora Vozes, nesse período, foi um canal privilegiado de publicações, e produziu a coleção *Teologia & Libertação* que reuniu grandes nomes na perspectiva da teologia com a realidade eclesial latino-americana. Também nesse período houve uma reformulação conceitual na *REB* (Revista Eclesiástica Brasileira), organizada pelo ITF (Instituto Teológico Franciscano), sendo impressa e distribuída pela Editora Vozes. Ela deixou de ser canal de formação eclesiástica para se tornar um meio de veiculação da produção teológica brasileira.

Embora muitos teólogos continuassem produzindo, nas décadas do final do século XX e início do XXI, o pensamento teológico deixou de ter a efervescência do pós-concílio. Vivemos um momento antitético da primavera conciliar, denominado por muitos teólogos como inverno teológico. Assumiu-se a teologia da repetição doutrinária como padrão teológico e os manuais históricos – muito úteis e necessários para a construção de um substrato teológico – que passaram a dominar o espaço editorial. Essa foi a expressão de uma geração de teólogos que assumiu a postura de não mais produzir teologia, mas a de reafirmar aspectos doutrinários da Igreja. O papado de Francisco marcou o início de um novo momento, chancelando a produção de teólogos como Pagola, Castillo, e em contexto latino-americano, Gustavo Gutiérrez. A teologia voltou a ser espaço de produção e muitos teólogos passaram a se sentir mais responsáveis por oferecerem ao público leitor um material consonante com esse momento.

Em 2004, o ITF, administrado pelos franciscanos da Província da Imaculada, outrora responsável pela coleção *Teologia & Libertação* e ainda responsável pela *REB*, organizou a coleção *Iniciação à Teologia*. O Brasil vivia a efervescência dos cursos de teologia para leigos, e a coleção tinha o objetivo de oferecer a esse perfil de leitor uma série de manuais que exploravam o que havia de basilar em cada área da teologia. A perspectiva era oferecer um substrato teológico aos leigos que buscavam o entendimento da fé. Agora, em 2019, passamos por uma reformulação dessa coleção. Além de visarmos um diálogo com os alunos de graduação em teologia, queremos que a coleção seja espaço para a produção teológica nacional. Teólogos renomados, que têm seus nomes marcados na história da teologia brasileira, dividem o espaço com a nova geração de teólogos, que também já mostraram sua capacidade intelectual e acadêmica. Todos eles têm em comum a característica de sintetizarem em seus manuais a produção teológica que é fruto do trabalho.

A coleção *Iniciação à Teologia*, em sua nova reformulação, conta com volumes que tratam das Escrituras, da Teologia Sistemática, Teologia Histórica e Teologia Prática. Os volumes que estavam presentes na primeira edição serão reeditados; alguns com reformulações trazidas por seus autores. Os títulos escritos por Alberto Beckhäuser e Antônio Moser, renomados autores em suas respectivas áreas, serão reeditados segundo os originais, visto que o conteúdo continua relevante. Novos títulos serão publicados à medida que forem finalizados. O objetivo é oferecermos manuais às disciplinas teológicas, escritos por autores nacionais. Essa parceria da Editora Vozes com os teólogos brasileiros é expressão dos novos tempos da teologia, que busca trazer o espírito primaveril para o ambiente de produção teológica, e, consequentemente, oferecermos um material de qualidade, para que estudantes de teologia, bem como teólogos e teólogas, busquem aporte para seu trabalho cotidiano.

Welder Lancieri Marchini
Editor teológico, Vozes
Coordenador da coleção

Francisco Morás
Professor do ITF
Coordenador da coleção

Prefácio

A teologia e mesmo o magistério da Igreja sempre se ocuparam do contexto social no qual o cristianismo está inserido. Então seja na Patrística, seja na Escolástica ou em outras escolas e tendências teológicas podemos encontrar indicativos do que seria uma teologia moral em perspectiva social. Mas foi com a publicação da *Rerum Novarum*, em 1891, pelo Papa Leão XIII, que se iniciou uma tradição de encíclicas sociais. Em torno delas, também a Moral Social se desenvolveu como disciplina teológica e objeto específico da reflexão da teologia.

Contudo a realidade social, seja ela em âmbito local ou em perspectiva global, é cada vez mais dinâmica, plural, híbrida e intercultural. Entender processos e contextos específicos de nosso tempo tornou-se não apenas um desafio ao teólogo atual, mas uma condição para uma teologia moral que consiga estabelecer um diálogo profícuo com a realidade que o cerca.

Os processos globais se tornam cada vez mais intensos. O neoliberalismo atua no cenário mundial, chegando à vida cotidiana dos indivíduos, influenciando o mercado de trabalho, a vida familiar e mesmo a vivência eclesial. Em contrapartida houve a eclosão do sujeito, recebendo o contorno de subjetividade mas também do consumismo que alimenta a lógica de mercado.

O teólogo é aquele que busca entender a fé a partir da relação com o seu contexto, seja ele histórico, cultural, existencial, social ou eclesial. Diante de realidades plurais e interculturais não basta um teólogo que aprenda teologia, revisitando os documentos e suas teorias. Faz-se necessário um/a teólogo/a que aprenda a fazer teologia. E isso significa estabelecer um diálogo entre as Escrituras, a tradição teológica – seja a teologia oficial do magistério seja a teologia da tradição acadêmica – e a realidade na qual o teólogo está inserido.

O livro escrito por Frei André Boccato parte da concepção de uma teologia moral que se constrói em diálogo com as inquietações suscitadas pela realidade. Por isso, faz-se necessária a abordagem de assuntos como *fake news* e ética ecológica. É a partir da realidade vivida que se dialoga com as Escrituras e com o magistério.

Esperamos que este novo volume da coleção *Iniciação à Teologia* sirva de apoio para o entendimento das bases da moral social e que suscite em você, caro leitor, o espírito teológico que leva a pensar a ação cristã em meio à realidade social.

Welder Lancieri Marchini
Editor teológico, Vozes
Coordenador da coleção

Francisco Morás
Professor do ITF
Coordenador da coleção

Introdução

Tenho a alegria e a satisfação de poder escrever algumas ideias introdutórias neste livro que será de grande utilidade para os que desejam ter uma visão geral sobre o conjunto da conhecida "moral social" do catolicismo, no qual apresento as fontes essenciais do magistério da Igreja, precedidas por algumas questões atuais, reflexo de novos desafios e configurações socioculturais que exprimem o lento processo de mudança de paradigma da sociedade ocidental.

Do grande evento eclesial do século XX, o Concílio Ecumênico Vaticano II, para cá muito se tem aprofundado e desdobrado em matéria de moral social. Em geral, tem-se optado ordinariamente em seguir uma metodologia de análise, mais comum à teologia prática, que se configura como uma espécie de uma escuta fenomenológica de algumas interpelações e problemas sociais, para somente depois lê-los e interpretá-los à luz dos grandes textos e posicionamentos magisteriais. Esse "caminho" (método) coincide com a própria opção pastoral da Igreja Latino-americana: ver, julgar e agir.

Durante o período em que trabalhei na reflexão e redação deste livro muitos eventos se sucederam no nosso Brasil, na nossa Igreja e no nosso mundo. Muitas polarizações ideológicas e desafios referentes à evangelização têm se colocado na consciência inquieta deste jovem teólogo. No último ano o Papa Francisco também presentou a Igreja com dois documentos com grande conteúdo de moral social. O livro, em sua panorâmica, quer tentar indiretamente interpretar situações que passam de forma desapercebida ao grande público, mas que a um teólogo – cuja vocação é colocar Deus no centro do debate – não podem ser alheias aos debates. A releitura dos grandes temas e textos inspiradores da moral social servem para dar as balizas em questões complexas e abertas.

No horizonte da tradição e espiritualidade dominicana compreendo que a arte de fazer teologia exige uma grande capacidade de escuta, diálogo e tolerância dócil aos sinais dos tempos e principalmente à alteridade, diferentemente de tempos passados, nos quais uma postura autoritária e apologética eram presentes no próprio método. *"In dulcedine societatis quaerere veritatem".* Esta frase de Alberto Magno é inspiradora para um teólogo que é chamado a buscar a verdade com docilidade em meio à complexa vida social. Este livro, então, quer ser apenas uma interpretação de alguém que se sente impactado diante de desafios a serem aprofundados.

Enquanto redigia estas páginas me vinham à mente o povo de Deus, muitos alunos e alunas da graduação e pós-graduação, confrades e, enfim, muitas pessoas que se sentem incomodadas e indignadas com a falta de uma discussão mais aprofundada sobre grandes apelos morais que se colocam às suas consciências como seguidores(as) de Jesus Cristo. A Igreja tem algo a dizer! A teologia sempre terá algo a manifestar ao mundo! O diálogo sério e respeitoso é formador da consciência! Com grande alegria, portanto, compartilho estas reflexões, fruto de um esforço acadêmico e reflexivo em continuar sempre a fazer com que a teologia possa dar "boas razões" à fé de tantos e tantas que vivem às vezes sem sentido diante dos atuais desafios.

Fr. André Luiz Boccato de Almeida, OP

PARTE I

DESAFIOS E PERSPECTIVAS CONTEMPORÂNEAS

O tema que nos é proposto de moral social coloca-se como um desafio a ser refletido em sua amplidão e complexidade. Destacamos que há desafios e perspectivas de ontem e de hoje que impactam a consciência cristã e social e exigem uma melhor explicitação tanto do seu conteúdo como da sua linguagem. Há problemas novos que se impõem provocando-nos a superação de uma análise superficial ou conjecturas fáceis.

Vivemos em um mundo no qual as mudanças são rápidas e movidas por vários aspectos a serem considerados em sua dimensão sistêmica. Pretendemos aqui apresentar alguns desafios e elementos que se colocam como caminhos novos, com indagações abrangentes à reflexão da moral social.

Nesta *primeira parte* pretendemos analisar alguns desafios e perspectivas atuais que atraem a atenção de todos os que pretendem compreender a moral social, não primeiramente em seus princípios a serem aplicados, mas sobretudo a partir de questões que necessitam de aprofundamentos ulteriores.

No *primeiro capítulo* apresentaremos alguns desafios teológicos sociais considerados ontem, no passado. Aqui abordaremos os temas da justiça com certo anestesiamento da consciência crítica, a globalização com as novas fronteiras da economia mundial e as críticas às ideologias socialistas e capitalistas, próprias de um período anterior. Destacamos que essas problemáticas tidas como antigas ou clássicas pelos autores de moral social continuam sendo contextos que exigem novas formas de análise. A moral social possui uma reflexão clássica e atualizada dessas questões antigas e também novas.

No *segundo capítulo* desenvolveremos uma reflexão a partir dos desafios teológicos sociais de hoje. Compreendemos que há novas questões que, unidas às do passado – de ontem –, complexificam a forma de analisar o contexto. Dentre as várias possíveis salientaremos o impacto das novas tecnologias em sua relação com a tirania das *fake news* como opinião pública. Em se tratando de moral social vemos como é conveniente salientar que este novo contexto de domínio livre e individualizado dos meios de comunicação impactam a consciência social e a capacidade de discernimento moral das pessoas.

No *terceiro capítulo* apresentaremos novas perspectivas morais e sociais que desafiam a consciência e se propõem a dialogar de forma serena no horizonte de sentido pluralista contemporâneo. Vemos como positivo o alvorecer de uma nova sensibilidade econômica que tem em sua raiz um desejo de solidariedade. Atrelado a essa iniciativa hodierna destacamos também o despertar de um diálogo fundamentado em um novo humanismo em meio aos desumanismos presentes no contexto planetário.

1
Desafios teológico-sociais do passado

Neste capítulo queremos apresentar alguns desafios que se colocam no horizonte da moral social compreendida no "ontem", isto é, no passado mais recente da nossa cultura e reflexão teológica. Elencamos três perspectivas que ainda influenciam: a *justiça* em uma cultura do anestesiamento da consciência crítica, a *globalização* e as novas fronteiras da economia mundial, e as *críticas ideológicas* às impostações socialistas e capitalistas.

Julgamos que estes três desafios teológico-sociais são fundamentais para compreender os de hoje e também reler e interpretar os ensinamentos magisteriais segundo uma impostação crítica e mais consonante com os dias de hoje. Nos temas da justiça, da globalização e das críticas ideológicas encontramos antigas questões que exigem uma hermenêutica adequada para o contexto atual.

1.1 A justiça em uma cultura do anestesiamento da consciência crítica

O conceito de justiça constitui um dos núcleos primordiais em que se expressa e se configura a consciência ética ocidental. Tratar sobre a justiça é recordar uma palavra tão antiga como a história da humanidade. Vivemos hoje um certo mal-estar no que se refere à assimilação total do seu significado diante da avassaladora influência da cultura da fragmentação e do provisório (AGAM-

BEN, 2009, p. 55). Não podemos negar que somos impactados por muitas informações e percepções sobre a realidade com sentidos emocionais e pouco críticos[1].

A justiça, com seu significado, poderia ser captada situando-a na matriz ideológica em que nasceu, embora hoje assuma muitas reivindicações próprias dos dias atuais que vão desde debates bíblico-teológicos antigos até questões delicadas no campo do direito e da bioética. Dessa complexa história atual somos chamados a retornar à origem da interação dos três fatores básicos da cultura ocidental que gestaram seu sentido: a *religião judaico-cristã*, a *filosofia grega* e o *direito romano*.

A *religião judaico-cristã* introduziu na noção de justiça os traços de messianismo, escatologia e utopia. Para o judeu-cristianismo a justiça é promessa divina ("dom do alto") e decisão humana ("trabalho do homem"); é realização presente e horizonte de esperança escatológica; é ideal absoluto e concretização parcial da bondade. Em razão dessas características, a justiça ocidental tem traços crítico-utópicos: serve para submeter a uma crise total o mundo humano e constitui o programa da revolução permanente e inacabada (VIDAL, 2005, p. 543).

No atual contexto essa concepção de justiça cede à perspectiva não utópica, dessacralizada e imanentista, própria do horizonte moderno, desmobilizador real do siste ma democrático que não mais propicia a plena representatividade política com o fim de garantir a justiça. Essa nova ordem moral[2] impõe-se paulatinamente nas consciências dos novos sujeitos, gerando certo descontentamento com os princípios até então deduzidos de forma inquestio-

---

1. Sobre este problema a ser analisado convém mencionar uma boa reflexão de cunho mais filosófico e sociológico de Michel Maffesoli: *Homo eroticus* – Comunhões emocionais. Rio de Janeiro: Forense, 2014.

2. Há uma reflexão muito pertinente sobre o tema citado por Paul Valadier: *Moral em desordem* – Um discurso em defesa do ser humano. São Paulo: Loyola, 2003, p. 35-46.

nável. A perspectiva religiosa da justiça se tornou o contexto de possibilidade para que os direitos individuais se afirmem de modo mais constante e intempestivo do que uma noção única de justiça como no passado.

A *filosofia grega* tinha introduzido no horizonte ocidental o *logos* esclarecedor. Com a reflexão de matriz grega a justiça adquire traços de iluminação; isto é, com precisão conceitual e clareza em sua aplicação. Ela foi elevada à categoria de virtude cardeal. Assim Audard nos ajuda a compreendê-la:

> Antes de tudo, como para Platão, no sentido de que ela comanda todas as virtudes e permite sua harmonização na alma do indivíduo. Ela guia a nossa vida em prol do nosso racional (*República*, 443, d-444a), assim como preside a felicidade da cidade. Para Aristóteles, ela é também a virtude, que é a "totalidade da virtude" (*Ética a Nicômaco*, V, 3, 1929 b 29), mas é também esta virtude mais específica que "realiza o que é vantajoso para o próximo" (*allótrion agathón* 1130 a 4). Ela é, então, não somente uma virtude, mas também uma necessidade da instituição política (AUDARD, 2003, p. 877).

A noção de justiça, própria do *direito romano*, dá um traço jurídico e positivo que tem como escopo a aplicação, sociabilização e exteriorização do valor ético. Essa percepção surge da exigência de ordem e harmonia. No seu contexto originário, a justiça assume a relação social como seu ápice. Para o direito natural clássico existe "uma lei verdadeira, a razão certa (*recta ratio*), em conformidade com a natureza, estendida sobre todos os seres, sempre de acordo com ela mesma, eterna" (CÍCERO. *De Republica* III, par. 22). Essa lei, exprimindo a ordem das coisas, é distinta da justiça dos homens e ajuda a corrigi-la, ensinando-nos quais são o lugar e a função verdadeiros de cada ser na ordem hierárquica da natureza.

Essa intuição fundamental da unidade da *justiça legal* e da *justiça moral* foi definitivamente arruinada pelo positivismo jurídico, que separou o mundo do direito daquele da justiça, por mais chocante que isso pudesse parecer ao senso comum e ao moralista (AUDARD, 2003, p. 888). A visão que emerge com a perspectiva do direito romano é a de que justiça é uma "virtude" que relaciona os homens entre si e na sociedade segundo o critério de igualdade. Essa ideia é bem visível em Santo Tomás quando diz que "é justo o que corresponde ao outro segundo a igualdade" (TOMÁS DE AQUINO, 1997, q. 57, a. 1). Em outro momento ele também diz: "Justiça é a virtude pela qual se atribui a cada um o seu com vontade constante e perfeita" (TOMÁS DE AQUINO, 1997, q. 58, a. 1).

Independentemente das visões supracitadas, a justiça indica o bem, reconhecido pelo direito, e hoje pelas pessoas em seus dramas diante da liberdade da própria consciência. Garantir os próprios direitos individuais diante da força avassaladora do próprio ser livre é uma característica propriamente moderna e contemporânea.

De fato, hoje vive-se com o avanço da própria liberdade, fruto de processos amplos ainda em curso na cultura, um lento e sutil processo de fragilização da ideia clássica de justiça, que poderia ser ao menos compreendida em três pontos:

1) *A libertação das forças cósmicas e sobrenaturais* (SELLA, 2003, p. 11-17): o mundo antigo está submetido à natureza e às forças de explicação religiosas. A Modernidade e o aparecimento da razão, rompendo com essa tendência, desencadeou um processo de desenvolvimento da capacidade humana no conhecimento do cosmo, dos seus dinamismos e da sua potencialidade; as ciências, filhas da moderna racionalidade instrumental, expandiram esse lento processo em curso. Somos filhos dessa razão moderna, que busca compreender processos humanos, sociais e cósmicos. Todos colhemos os bons frutos dos avanços de uma racionalidade que foi se ajustando às necessidades mais profundas das pessoas. Não se nega que a humanidade avançou e busca compreender melhor sua forma de ver a realidade. A época moderna foi mais antropo-

cêntrica e a contemporânea dada a avançar no capital do mercado livre, intitulando-se como uma "época nova" (ENGELHARDT, 2014, p. 56). Da libertação das forças cósmicas e sobrenaturais às novas relações de justiça social e individual, no campo econômico, busca-se compreender que valores podem reger as consciências em tempos ambíguos e de afirmação dos desvalores.

2) *A libertação dos sistemas totalitários*: na entrada da era moderna o mundo estava submisso ao poder político de poucas pessoas que se declaravam dominadoras do mundo através de sistemas totalitários, com concepções de justiça, que aprisionavam os estados. De sistemas monárquicos rígidos passamos a um modelo democrático representativo e posteriormente participativo, que também já demonstra suas fragilidades. Considerando que os modelos de organização política e econômica criticados eram justamente os que se apresentavam à época como possibilidades para enfrentar a gravíssima injustiça da realidade social a que as transformações econômicas e sociais haviam levado as nações industrializadas, o tema do tipo de Estado desejável, dentro da Doutrina Social da Igreja, torna-se instigante (CAMPOS, 2007, p. 201). Hoje esse tema está relacionado diretamente à responsabilidade de pessoas e instituições (BONDOLFI, 1997, p. 1.177)[3] que devem salvaguardar o bem comum diante dos interesses particulares, ideológicos e de empoderamentos de entidades civis e políticas.

3) *A busca constante pela liberdade e felicidade paradoxal* (LIPOVETSKY, 2007)[4]: o tema da justiça está relacionado à busca pela liberdade que hoje se coloca no contexto de uma felicida-

---

3. Neste verbete o autor analisa o impacto dos novos sistemas políticos que necessitam se reposicionar diante da passagem de mecanismos totalitários e absolutistas para experiências mais democráticas.

4. Em todo o livro o autor faz uma crítica veemente ao sistema econômico capitalista, em sua esfera de consumo, geradora de um "ensimesmamento" subjetivista e libertário, que afirma o individualismo contemporâneo e fragiliza a perspectiva social em suas bases humanistas.

de e suas ambíguas conquistas. A liberdade é um dos problemas centrais da reflexão filosófica da cultura ocidental europeia. Ela é o componente essencial do ser humano, já que dá significado à existência, especifica e caracteriza o agir humano que, por ser livre, torna-se moral. A liberdade está hoje em estreita conexão com a ideia de felicidade e sua realização a qualquer custo. A busca pela liberdade e felicidade, no contexto da economia neoliberal, marcando a cultura contemporânea, gera certo mal-estar (BAUMAN, 1998, p. 9), que é o valor pelo qual todos os outros valores vieram a ser avaliados e a referência pela qual a sabedoria acerca de todas as normas e resoluções supraindividuais devem ser medidas. A concepção de justiça – que indicava um esforço em buscar a igualdade e os papéis sociais bem organizados – agora é substituída, do ponto de vista ético, pela afirmação de uma liberdade do indivíduo que busca a felicidade.

A consciência contemporânea, influenciada e condicionada pelos "avanços" modernos, traz grandes questões éticas no que se refere à justiça: até que ponto a humanidade, por meio dos seus sistemas, tem a possibilidade de intervir no cosmo e no seu mistério? É papel da pessoa inventar uma nova vida ou é responsabilidade da humanidade salvaguardar, proteger e melhorar a vida dos seres viventes em sintonia com o Criador e a sabedoria humana expressa na ideia de justiça? Qual é o papel da consciência no atual contexto de afirmação do sujeito?

Portanto, o tema da justiça, em geral, é considerado central para se entender a questão da moral social. Do ponto de vista histórico, o final do século XVIII, a partir da França, assumiu o tema justiça em seu sentido de emancipação de um mundo novo que eclodia com a Revolução Francesa (RAWLS, 1993, p. 27). Esta, ocorrida entre 1789 e 1799, propôs-se inicialmente a pôr fim em uma era de absolutismo nas estruturas políticas, sociais, econômicas do velho regime monárquico. A dita revolução lançou a base de uma nova sociedade, fazendo da igualdade o princípio e o ideal da nova realidade no lugar do velho sistema.

A ideia de uma justiça equitativa e distributiva esteve presente na busca pela igualdade, fraternidade e liberdade, própria da revolução. Outras declarações com estes princípios foram feitas em 1776 e em 1787 na Constituição da Virgínia e na Constituição Federal dos Estados Unidos. Antes disso, a revolução parlamentar inglesa do século XVII. No século XX houve a importantíssima e inesquecível Declaração Universal dos Direitos Humanos de 1948, proclamada pela ONU.

Segundo Rawls, toda a convivência das diferenças políticas e sociais nas sociedades ocidentais atuais se deveu à inicial aplicação do princípio de liberdade, iniciado radicalmente na Revolução Francesa, que garantiu a pluralidade de manifestações distintas no tecido social (RAWLS, 1997). Todas as modernas tendências por uma concepção de justiça têm a sua herança no liberalismo político, que permitiu a convivência, na esfera pública, das mais variadas tipologias de tendências sociais.

Nas reflexões sobre a moral social a categoria de justiça e as suas mais variadas semânticas históricas e teóricas foi lentamente assumindo que a justiça representa a expressão dessa qualidade antropológica determinante que traduzimos como ser único com dignidade fundamental. Esse sentido profundamente ético reaparece, na esfera social, em alguns momentos em que as sociedades se sentem ameaçadas em seus direitos fundamentais.

Desse modo podemos, à luz dessa compreensão histórica geral antiga, ao menos distinguir quatro sentidos de justiça (CALLEJA, 2006, p. 88-90) que foram sendo elaborados paulatinamente no tecido das complexas relações sociais:

1) *Justiça comutativa*: é a justiça que regula as relações entre as pessoas individuais ou entre as entidades privadas, tomando-as

como partes independentes de uma mesma sociedade. Dela se ocupava muito intensamente a teologia moral, tanto sob o esquema do sétimo mandamento como anteriormente, no modelo moral das virtudes.

2) *Justiça distributiva*: refere-se à justiça nas relações das sociedades para com seus membros, de modo a garantir a distribuição equivalente de cargos. Foi a grande esquecida da moral católica medieval e moderna, que operou, de fato, ao modo de um liberalismo potencial. Seu risco é que o Estado se torne onipotente, ocupando todos os espaços e ignorando muitas das iniciativas sociais dos grupos intermediários e das pessoas de sua sociedade civil.

3) *Justiça legal ou geral*: refere-se à justiça nas relações dos cidadãos com sua sociedade, de modo a colaborar proporcionalmente para o bem comum, segundo as possibilidades objetivas de cada um. A ênfase recai na defesa da ordem social – bem comum – mediante o cumprimento das leis, reconhecidas como justas. Seu risco provém da inflação legislativa que acompanha a sociedade complexa e desigual de nossos dias, na qual as leis frequentemente representam um pacto social pouco ou nada justo, e poderosos grupos de pressão escapam às suas obrigações fiscais e legais que visam ao bem comum.

4) *Justiça social*[5]: indica a criação de certas condições pessoais, estruturais, espirituais e materiais que facilitarão o desenvolvimento integral dos cidadãos e de suas associações e povos, segundo possibilidades e necessidades. Pode-se considerá-la tradicionalmente

---

5. Se tomarmos o *Compêndio da Doutrina Social da Igreja*, cap. IV, notaremos que nos sete princípios indicados no texto (bem comum, destinação universal dos bens, subsidiariedade, participação, solidariedade, valores da vida social e a caridade) o tema da justiça social é o que atravessa e dá o devido conteúdo a todos eles. Cf. PONTIFÍCIO CONSELHO JUSTIÇA E PAZ. *Compêndio da Doutrina Social da Igreja*. São Paulo: Paulinas, 2005, p. 99-125, n. 160-208.

como o "bem comum", expressão tão conhecida na tradição ética e bem-usada no ensinamento social da Igreja mais recente.

Assim, o tema da justiça em termos de moral social, hoje e mais do que sempre, coloca-se de uma maneira central, enquanto busca do seu sentido e fundamento na sociedade contemporânea. Ele se tornou uma categoria importante de ser retomada diante de momentos de desgaste da dignidade da pessoa humana. Com várias semânticas, colocou o ser humano no centro da preocupação das tensas relações sociais e de poder. Uma moral social de inspiração cristã que deseja propor uma retomada do que lhe é central enquanto fonte e fundamento – o anúncio da boa-nova de Jesus Cristo – necessita buscar na tradição um horizonte de significados que possa conduzir a um despertar da consciência crítica social no contexto da cultura do anestesiamento e da desmobilização dos valores. Eis por que consideramos relevante situar o tema da justiça dentro da cultura que rege os valores: a globalização.

1.2 A globalização e as novas fronteiras da economia mundial

A humanidade se encontra hoje em um avançado e irreversível processo de globalização que envolve estados, etnias, culturas e o próprio mecanismo de distribuição de bens entre os povos: a economia (SAUL, 2006, p. 245-274). Essas estruturas fundamentais da convivência humana, em qualquer nível, são mundiais. Existem e funcionam acima de qualquer soberania ou identidade de grupo. O mesmo ocorre com as estruturas econômicas (produtivas, distributivas; ou seja, mercadológicas e financeiras).

Há uma complexa rede global ou aldeia global[6] já acenada a certo tempo que organiza e dita novos comportamentos também

---

6. A expressão "aldeia global" é um termo criado por Herbert Marshall McLuhan e indica que as novas tecnologias eletrônicas tendiam, já em seu tempo, a encurtar distâncias, e o progresso tecnológico reduziria todo o planeta à mesma situação que

no contexto das estruturas de comunicação e político-militares. Existem investimentos e fundos que levam operadores requisitados a se concentrar em grandes conglomerados, enquanto a tecnologia permite comunicações de alcance planetário sem possibilidades de interferências ou controles da parte de qualquer autoridade governamental (CHIAVACCI, 2001, p. 45-53). No campo político-militar os poderes políticos são sempre mais controlados ou dominados por centros de poder econômicos supranacionais.

O desafio de compreender o fenômeno da globalização e seus impactos ético-sociais continua sendo uma ampla e complexa empreitada, principalmente para a reflexão teológica. Na análise do contexto global, duas principais correntes se contrapõem: a dos "hiperglobalizantes" e a dos "céticos". Matias nos ajuda a compreender a lógica interna desses discursos:

> Alguns autores proclamavam, já no final da década de 1960, início da de 1970, que estaríamos vivendo em um mundo sem fronteiras e que o Estado como unidade econômica estaria próximo de seu fim. Segundo os hiperglobalizantes, que atualmente compartilham dessa visão, já estaríamos vivendo em uma era na qual os estados teriam deixado de ocupar o posto de principais agentes econômicos e políticos da sociedade mundial, devido ao surgimento do mercado global e à formação de redes transnacionais de produção, comércio e finanças [...]. Por sua vez, para os céticos, a globalização seria um mito, e por diversos motivos. De início, os fluxos de comércio e investimento atualmente registrados não seriam sem precedentes, já que o mundo vivera uma situação parecida no século XIX, durante a época do padrão-ouro. Além disso, para os céticos as transnacionais são, na verdade, empresas que têm profundas ligações com seus países de origem e a economia internacional estaria cada vez mais

---

ocorria em uma aldeia: um mundo em que todos estariam, de certa forma, interligados. Cf. *Understanding Media*. Londres: Routledge, 1964.

segmentada em três blocos regionais principais, a chamada tríade – América do Norte, Europa e Japão –, nos quais os governos se manteriam bastante poderosos; assim, os estados não seriam vítimas passivas da internacionalização da economia, mas seus principais arquitetos (MATIAS, 2005, p. 101-103).

Essa distinção, ainda não aceita ou assimilada por todos, mais do que definitiva, apenas indica que a globalização é um fenômeno ético-social com várias e possíveis percepções de análise. Do ponto de vista de uma moral social de inspiração cristã há desafios que ainda necessitam de ulteriores aprofundamentos, principalmente no que tange à posição central que a pessoa ocupa ou não nesse novo cenário pluridimensional. De todos os desafios salientamos o do aumento da pobreza, da desigualdade social, da desigualdade de rendas e muitos outros que são provenientes destes.

A globalização e as novas fronteiras da economia mundial (MADELIN, 2002, p. 83-115), dentro do contexto do multiculturalismo e certa perda de valores perenes, levam a questionar se esse modelo de globalização que se impôs e afirma incessantemente de fato propicia um processo de humanização[7]. Por outro lado, não podemos deixar de notar que essa realidade de um mundo e aldeia global já estava prevista nos inícios da Organização das Nações Unidas e do próprio Concílio Ecumênico Vaticano II; quando do fala de sociedade humana vista em seu complexo usa a expressão "família humana", introduzindo principalmente o conceito de "bem comum do gênero humano"[8].

---

7. A propósito da globalização e dos seus impactos – mediante o modelo econômico vigente – é sugestivo o cap. III da Carta Encíclica *Laudato Si'*, sobre o cuidado da casa comum. São Paulo: Loyola/Paulus, 2015, n. 101-136.

8. CONCÍLIO ECUMÊNICO VATICANO II. *Constituição Pastoral* Gaudium et Spes – Sobre as alegrias e esperanças. São Paulo: Paulinas, 2007, n. 23ss. Aqui se nota que no ano de 1965 já havia uma espécie de consenso sobre o futuro de uma humanidade que, em meio a conflitos e guerras, clamava por paz e diálogo. É verdade que

O complexo fenômeno da globalização, impulsionado pelo modelo econômico vigente, fragiliza de modo paulatino a gênese do próprio processo de formação do *ethos* (LIMA VAZ, 1999, p. 35-43). Já que todo grupo nasce, em geral, no interior de determinada cultura e a identificação com o grupo ocorre dentro dos modelos cognitivos, operacionais, avaliadores dessa cultura, tem-se, assim, uma globalização real, operativa, acima de culturas que, mesmo fragmentadas no interior da identidade de todo gênero, tendem automaticamente a defender a si mesmas, suas estruturas e seus modelos.

Pode-se dizer, do ponto de vista histórico, que aquilo que habitualmente chamamos globalização se constitui, na verdade, de cinco mundializações que estão em curso desde a metade do anos de 1980: *mundialização dos mercados* (faz passar da competição entre economias à competição entre sociedade); *mundialização da comunicação* (com a revolução da informação cria condições inéditas de comunicação social); *mundialização cultural* (com a irrupção das sociedades civis aumenta consideravelmente o número de atores no jogo mundial); *mundialização ideológica* (marcada pela radicalização do liberalismo e de suas pretensões) e a *mundialização política* (que se traduz pelo fim da influência secular do Ocidente sobre o resto do mundo) (MADELIN, 2002, p. 87).

Desse modo, na expressão "mundialização" descreve-se uma economia sem fronteiras, cujo processo se acelera pela revolução tecnológica nas comunicações e na produção e pela circulação livre de capitais internacionais que unifica muitos países em uma aldeia econômica global. Essa globalização financeira da economia capitalista, convertendo o mundo em uma aldeia econômica global, uma aldeia pequena e única – a *World Company* das finanças e das comunicações, o império do sistema de mercado mundial –, é a apre-

---

o Concílio via a humanidade a partir do critério de um humanismo universal, e não a partir do avanço do capitalismo que determinaria o futuro.

sentação mais comum da mundialização (CALLEJA, 2006, p. 197-198) e que tanto desafia as consciências das pessoas na atualidade.

O modelo econômico subjacente à afirmação da globalização é propriamente produto da cultura ocidental (CHIAVACCI, 2001, p. 48) e tende de modo inevitável a reproduzir seus referenciais em qualquer área cultural. O valor supremo é a liberdade do indivíduo, e onde quer que seja e em todas as ocasiões são proclamados os direitos de liberdade. De certo modo, priorizando o direito de liberdade do indivíduo, seria o mesmo que colocar como eixo exatamente o direito de procurar a própria vantagem sem levar em consideração os custos humanos. Percebe-se que esse desafio, enquanto perspectiva macro, influencia e condiciona as consciências das pessoas e dos cristãos, chamados a testemunhar com vigor o Evangelho de Jesus Cristo.

Diante do complexo fenômeno da globalização (ou processo de mundialização econômica), ainda em andamento, e a sua consequente afirmação mediante a economia capitalista, é necessário formar a consciência da pessoa e dos cristãos – inseridos na comunidade – para os valores do Reino indicados pela sabedoria teológica da longa experiência de esperança da Igreja na sua relação com o mundo e a cultura. Além dessa perspectiva existe um descompasso entre a força econômica com suas próprias lógicas e a desmobilizada força política em bloquear ou frear os excessos da economia diante dos crescimentos avassaladores. Denunciar esse desequilíbrio não significa uma falsa adesão a uma ideologia em detrimento de outra, mas sensibilizar as consciências e o tecido eclesial sobre a tarefa pessoal e social na busca por uma economia solidária, personalista[9] e que seja humanista no sentido mais pleno da expressão.

---

9. Este tem sido o esforço do magistério pontifício de João Paulo II, Bento XVI e Francisco em suas exortações e documentos de orientação moral social. Em outro capítulo apresentaremos essas reflexões eclesiais.

Para o Pe. Comblin, importante teólogo belga que viveu no Brasil por décadas formando uma geração de pensadores e teólogos, o tema da globalização não pode ser desconhecido pelos cristãos, testemunhas e participantes da Boa-nova de Jesus Cristo. Para ele, um crítico do fenômeno da globalização generalizada (radicalização do sentido único de uma mundialização), há o "mito" de que haveria um só mercado, e este seria mundial. De todas as regiões do mundo viriam todos os produtos de qualquer procedência, de tal sorte que as nações deixariam de ter significado para a economia. Todos os homens seriam vendedores e compradores no único mercado mundial (COMBLIN, 2001, p. 66).

A sua crítica sutil ao modo como esse modelo de globalização econômica vai se constituindo se encaminha no sentido de que nas últimas décadas essa grande mobilidade de capital, riquezas e mercadorias se deslocaram apenas entre os grandes centros mundiais dominados pelas grandes potências (COMBLIN, 2001, p. 67). As grandes potências, mediante as suas instituições financeiras e as suas multinacionais, graças aos seus magnatas da finança, têm o poder de influir nos mercados, de exercer um certo controle e de se reservarem posições privilegiadas.

Desse modo, compreende-se que há sim uma globalização cultural e de valores; contudo, a sonhada globalização em seu sentido mais abrangente pode ser considerada um mito que se serve para esconder os jogos de poder nos intercâmbios internacionais (COMBLIN, 2001, p. 68). O *Compêndio da Doutrina Social da Igreja*, embora não faça essa crítica de modo mais direto, posiciona-se com relação ao que se denomina "complexo fenômeno da globalização econômico-financeira" (PONTIFÍCIO CONSELHO JUSTIÇA E PAZ, 2005, n. 361-367).

O *Compêndio* entende que vivemos no que se chama de "As 'res novae' em economia", em que a globalização alimenta novas esperanças, mas também suscita interrogações inquietantes. Se, de um lado, o progresso tecnológico aliado à rápida busca por mercados influentes e poderosos possibilitou de um certo modo uma movimentação de bens e valores de consumo, de outro fez emergir o grande risco ligado a um aumento rápido e voraz das desigualdades por meio de um comércio competitivo e de um sistema financeiro altamente complexo (PONTIFÍCIO CONSELHO JUSTIÇA E PAZ, 2005, n. 362-369).

A globalização e a nova ordem mundial, no que tange ao seu aspecto econômico, impõem-se gradualmente na atual aldeia ou cultura global, exigindo dos cristãos um posicionamento diante dos seus reflexos e impactos. Assim, a globalização, em seu aspecto econômico, *a priori*, não é boa e nem má; só o será dependendo do modo como as pessoas a usam. Nenhum sistema é um fim em si mesmo.

Independentemente do sistema vigente, para os cristãos, em sua constante tomada de consciência, cabe enfatizar o sentido ético. A globalização não precisa ser demonizada e muito menos elogiada de forma parcial. Necessita sim de uma orientação responsável rumo à sua finalidade última: ética. E o que a perspectiva de uma moral social insiste? Sobre o sentido de servir verdadeiramente ao desenvolvimento das pessoas e dos povos, por meio de sistemas políticos e ideológicos justos.

1.3 As críticas aos sistemas/modelos ideológicos (neo)liberais e socialistas

O conjunto do ensinamento cristão sobre a relação Igreja (consciência social) e mundo evolui com toda sua profundidade, à medida que se retorna à fonte do ato de crer; ou seja, do que se professa (credo), do que se celebra (liturgia) e do que se vive (ética ou moral). Quando a comunidade eclesial necessita de uma apreciação crítica sobre algum desafio contemporâneo busca-se no *depositum fidei* o critério de sustentação e interpretação.

Cabe aqui, desse modo, fazer uma panorâmica não aprofundada, mas apenas esclarecedora dos dois principais modelos que de certo modo exigiram, em contextos históricos distintos, posicionamentos da sabedoria cristã – no campo social – e que influenciaram os principais modos de se voltar à fonte cristã do que se professa, se celebra e se vive.

As expressões "sistema" e "modelo" se referem às questões distintas. Um *sistema* é uma determinada organização da sociedade como expressão de uma antropologia, de uma filosofia sociopolítica e, de modo mais abrangente, uma cosmovisão. Todo sistema se constitui pela articulação de dois níveis distintos: uma visão subjacente do homem e da sociedade; e uma organização da própria sociedade que reflita e exprima aquela visão. Já um *modelo* é uma determinada organização dos diversos elementos de um conjunto ou dos subsistemas de um sistema, em vista de um desempenho pré-definido (BIGO, 1986, p. 297-334).

Hoje não é novidade que vivemos em meio a certa polarização político-ideológica que influencia as consciências em sua particularidade, levando a uma confusão e superficial visão dos vários problemas humanos. Convém, de modo sucinto, apresentar aqui as principais ideias liberais ou socialistas que ainda permanecem no imaginário e suas falsas e aceleradas associações com o ensinamento social da comunidade eclesial. Essa associação apressada é o reflexo de uma visão simplista, superficial e praticamente polarizada que não se coaduna com uma perspectiva mais aprofundada e crítica sobre um fenômeno que exigiria análises mais acuradas.

Hannah Arendt (2010, p. 8), tratando acerca da condição do ser humano, dizia que a *vida ativa* indica três atividades humanas fundamentais: o trabalho, a obra e a ação. Sobre essas realidades, até hoje e sob vários aspectos e mentalidades muito se abordou. A Igreja ao longo da história, sob esse aspecto, possui posições e perspectivas distintas, pois foi lentamente amadurecendo uma visão relacionada a cada modelo ou sistema teórico, apontando seus pontos positivos e desconfianças.

Os dois modelos, tidos como ideológicos, em questão – o liberalismo e o socialismo – trilharam caminhos distintos e cabe-nos lançar um contínuo olhar crítico em seus fundamentos, com o escopo de libertar a consciência de certa visão reducionista e, assim, repropor o desafio de falar dos valores cristãos ao mundo de hoje. Se esta foi e continua sendo uma tarefa da Igreja deve ser também uma missão de cada cristão em sua particularidade, formando bem sua consciência à medida que vai percebendo uma necessidade de posicionamentos a ser mais bem esclarecidos.

Mais do que falar em "liberalismo" convém indicar que foi lentamente sendo gestada uma proposta utópica de sociedade "liberal", que se converteu em uma "neoliberal" (INSTITUTO SUPERIOR DE PASTORAL, 1996, p. 69)[10]. Esta possui valores a serem integrados no todo complexo das sociedades, sendo importantes ao menos dois: 1) Em primeiro lugar, a oferta libertadora manifesta a intransponível e inevitável fraqueza das instituições naquilo que se refere à liberdade. 2) Em segundo lugar, a oferta libertadora indica que nas estruturas sociais convencionais não cabem todas as formas de liberdade. Entram, sim, as liberdades atípicas, marginais, originais, carismáticas etc. (VIDAL, 1978, p. 150-152).

Pode-se compreender, desse modo, a cultura neoliberal como uma concepção radical do capitalismo que tende a absolutizar o mercado até convertê-lo em meio, método e o fim de todo com-

---

10. Ou seja, "o sistema de organização social neoliberal é uma versão do capitalismo tardio ou avançado que se caracteriza por um modo de produção cuja base é o mercado de concorrência livre, estreitamente unido a uma democracia liberal, parlamentar e representativa, e a uma ordem cultural pluralista e relativizadora" (p. 69).

portamento humano inteligente e racional na economia e em qualquer campo da atividade humana. A razão última dessa confiança reside em uma suposta capacidade de se autorregular. O neoliberalismo, assim conhecido, supõe uma totalização ideológica da teoria econômica de alguns brilhantes economistas neoclássicos acerca do capitalismo moderno (CALLEJA, 1997, p. 4).

De um modelo ou sistema baseado no capital e sua lógica a uma radicalização e centralização no modelo neoliberal pode-se dizer que o neoliberalismo é propriamente

> [...] uma concepção radical do capitalismo, que tende a absolutizar o mercado até convertê-lo no meio, no método e no fim de todo comportamento humano inteligente e racional na economia e em qualquer campo da atividade humana. A principal razão de tal confiança reside em uma suposta capacidade inata do mercado para se autorregular, oferecendo-nos o bem possível ante cada problema e em cada situação (CALLEJA, 2006, p. 196).

Embora esta constatação e concepção seja um explícito retorno ao sentido subjacente das teorias liberais clássicas, cujo livre-mercado e a concorrência ocupam o centro, o neoliberalismo é um retorno do liberalismo como teoria; contudo, é uma ideologia que se adequou às necessidades próprias dos valores contemporâneos.

O liberalismo e o seu formato contemporâneo[11] são propriamente uma utopia ou teoria que pretende dar uma explicação total do ser humano e da sua história em toda a economia. Faz da economia o centro do ser humano, a partir do qual todo o resto se explica. Foi elaborada principalmente em Chicago sob a inspi-

---

11. Sobre as características e facetas atuais do liberalismo é sugestiva a análise de SÁNCHEZ-CASCADO, P.N. "Il liberalismo del siglo XX como cultura". In: *Revista de Fomento Social*, 54, 1999, p. 419-442. Para a autora, o liberalismo do século XX não é apenas mais um conjunto de princípios e valores políticos e econômicos, mas uma visão global do indivíduo e da sociedade que se impregnou e se enraizou nas consciências e nas estruturas sociais (p. 420).

ração de Friedrich Hayek, austríaco radicado nos Estados Unidos depois da guerra, e de Milton Friedman. A partir de Chicago o neoliberalismo se expandiu pelo mundo inteiro, tornando-se, na década de 1980, a base do pensamento único do mundo ocidental (COMBLIN, 2001, p. 15).

Do ponto de vista histórico, o neoliberalismo pode ser percebido como um movimento reflexivo que teve como escopo desconstruir a tese do socialismo (HINKELAMMERT, 1986, p. 57), segundo a qual (a partir de Hayek e Friedman), o socialismo é a negação do livre-mercado; portanto, incompatível com a liberdade. Se a fonte da liberdade está no mercado, tanto o socialismo como o liberalismo são espécies de entraves ao livre-acesso de mercadores e a financeirização dos bens (COMBLIN, 2001, p. 20). Enquanto o modelo socialista é considerado como um sistema que prioriza a centralização do poder econômico, do planejamento total e central nas mãos do Estado (como o soviético), o neoliberal encontrou na globalização uma forma de escoar mercadorias, valores e bens de consumo, atingindo níveis amplos de consumidores (LIPOVETSKY, 2007, p. 23).

Enquanto os clássicos propunham maior liberdade para as empresas privadas e o comércio, os neoliberais têm como alvo principal o "Estado de Bem-estar Social", que foi inventado para fazer face ao socialismo, e obteve grande êxito depois da depressão de 1929 ao criar empregos e garantir o poder de compra dos trabalhadores. Para o pensamento neoliberal, os investimentos do Estado provocam a inflação e devem ser reduzidos ao mínimo. Isso significa não somente que o Estado privatize suas empresas, mas que destine seus gastos sociais unicamente a pessoas incapazes de proverem sua subsistência. Esse pensamento se tornou vitorioso nos anos de 1980, depois das eleições de Margareth Thatcher no Reino Unido e Ronald Reagan nos Estados Unidos.

A tese do liberalismo baseia-se em uma busca pelo universal. Como existe uma natureza humana comum, as suas premissas valem para todos os seres humanos do planeta. Por isso, um dos princípios substanciais à filosofia política liberal de todos os tempos é o internacionalismo e o cosmopolitismo (SÁNCHEZ-CASCADO, 1999, p. 439). O liberalismo não é nacionalista e não o pode ser. O liberal quer um mundo aberto, sem fronteiras, sem regulações excessivas, pois o intervencionismo – historicamente falando – é o gerador de guerras e de contendas.

Ambos os sistemas, marcadamente ideológicos, são formas distintas de compreender a trama das relações humanas e sociais, e foram consideradas duas formas de analisar as mudanças sociais com seus desdobramentos e interpretações. A sabedoria cristã eclesial, desse modo, tem buscado, desde a *Rerum Novarum* (PIANA, 1997, p. 249) até a *Laudato Si'* e a recente exortação pós-sinodal *Querida Amazônia*, um discernimento que tenta conciliar não só a compreensão dessas principais formas de entender a complexidade das relações, mas também emitir um juízo de valor proveniente da pesquisa dos teólogos que têm se dedicado ao diálogo com a economia, a sociologia, a política, a antropologia e as relações sociais no seu todo.

Mas seria possível apresentar uma breve diferença entre os dois sistemas político-econômicos (ideologias)? O sistema capitalista (neoliberal) se distingue pelos meios de produção, que marcam a dinâmica da economia enquanto meios de propriedade privada e pelo fato de que a produção está orientada à obtenção do valor abstrato (dinheiro). O sistema socialista se distingue pelos meios de produção que marcam a dinâmica da economia enquanto meios que não são de propriedade privada, mas sim social (estatal, municipal etc.), e, pelo fato de que a produção está orientada diretamente aos bens do uso para satisfazer as necessidades da população (MIFSUD, 1994, p. 395-396).

Podemos ilustrar melhor essa distinção geral no sintético quadro a seguir:

Capitalismo	Socialismo
Gera tendência à exploração da classe trabalhadora (domínio de riqueza).	Concentração do poder político e econômico no governo, gerando tendência de ditadura e antidemocracia (domínio do poder).

No atual contexto pluralista e individualista da sociedade ocidental, a busca pelo bem comum, pelos direitos do indivíduo, pela liberdade de expressão e concorrência econômica, as duas formas ideológicas se diluem, embora a noção de Estado de direito tem como escopo salvaguardar que os direitos da pessoa humana em sua integralidade sejam respeitados (MONZEL, 1972, p. 183). As formas radicalizadas de pensar o poder e a plural convivência social passaram por experiências ideológicas que vão desde o anarquismo até a tirania. Temos hoje uma visão histórica mais alargada e panorâmica que nos permite com inteligência compreender os desdobramentos dessas duas principais ideologias utópicas.

Os dois modelos/sistemas – liberalismo e socialismo – passaram por fases de amadurecimento e consolidação de suas perspectivas em momentos históricos distintos, sendo questionados pela Modernidade tardia, pela tendência de despolitização e o "narcisismo contemporâneo", temas estes que exigiram estudos com aprofundamentos próprios[12].

De um modo geral, o magistério oficial da Igreja rechaçou tanto a ideologia liberal (capitalista) como também a ideologia marxista

---

12. No *Compêndio da Doutrina Social da Igreja* encontramos uma boa sistematização organizada do que se denomina "comunidade política" e o seu serviço à sociedade civil. Cf. PONTIFÍCIO CONSELHO JUSTIÇA E PAZ. *Compêndio da Doutrina Social da Igreja*. São Paulo: Paulinas, 2005, p. 215-239, n. 377-427.

(socialista). Na época de Paulo VI, com a sua *Octogesima Adveniens* (*OA*) de 1971, já havia uma orientação que tinha como escopo denunciar qualquer tipo de orientação ideológica que tendesse a suprimir a liberdade humana e a dignidade da pessoa humana[13].

Convém resgatar o sentido dessa apreciação quando reaparecem hoje tendências radicais com o intuito de reler de forma equivocada ideologias do passado, destacando elementos de maior complexidade diante de simplificações. A sábia indicação do Papa Paulo VI proporciona um olhar mais amadurecido para hoje. Disse ele:

> Também para o cristão é válido que, se ele quiser viver a sua fé numa ação política, concebida como um serviço, não pode, sem contradizer a si mesmo, aderir a sistemas ideológicos ou políticos que se oponham radicalmente, ou então nos pontos essenciais, à sua mesma fé e à sua concepção do homem: nem à ideologia marxista, ou ao seu materialismo ateu, ou à sua dialética da violência, ou, ainda, àquela maneira como ele absorve a liberdade individual na coletividade, negando, simultaneamente, toda e qualquer transcendência ao homem e à sua história, pessoal e coletiva, nem à ideologia liberal, que crê exaltar a liberdade individual, subtraindo-a a toda a limitação, estimulando-a com a busca exclusiva do interesse e do poderio e considerando, por outro lado, as solidariedades sociais como consequências, mais ou menos automáticas, das iniciativas individuais e não como um fim e um critério mais alto do valor e da organização social (PAPA PAULO VI, 1971)[14].

Após Paulo VI, o *Documento de Puebla* também fez um discernimento criterioso sobre essas ideologias do passado, que na

---

13. Além dos temas próprios da encíclica, Paulo VI, em *Octogesima Adveniens*, se preocupa em ajudar na busca por um discernimento das "ideologias" e dos "movimentos históricos" do momento social da época. Descreve e analisa as ideologias marxista e liberal (n. 26); discerne acerca dos principais movimentos históricos: o socialismo (n. 31), o marxismo (n. 32-34) e o liberalismo (n. 35).

14. A partir daqui a *Octogesima Adveniens* será citada com a sigla *OA*.

época tendiam a ser um farol para a cultura. Disseram os bispos reunidos em Puebla:

> [...] O temor do marxismo impede muitos a enfrentar a realidade opressiva do capitalismo liberal. Pode-se dizer que, diante o perigo de um sistema claramente marcado pelo pecado, as pessoas se esquecem de denunciar e combater a realidade implantada por outro sistema igualmente marcado pelo pecado. É necessário prestar atenção a este, sem esquecer as formas históricas, ateias e violentas do marxismo (CELAM, 1979, n. 92).

Assim, ambos os sistemas ideológicos, enquanto aspirações da visão sobre o mundo de um grupo particular, apresentam-se com valores específicos e soluções próprias, embora nem sempre consigam respeitar os direitos fundamentais da pessoa humana. Sendo mediações de tendências, nem sempre assumem uma visão integral do ser humano. Se ora exalta o Estado e ora o torna mínimo, necessita da parte de qualquer pessoa cristã um sério discernimento, purificando seus excessos e desvios.

Se no passado esses sistemas ou compreensões de mundo polarizavam as árduas e inflamadas discussões em torno do modelo ideal de sociedade, dos sistemas político-econômicos e distribuição dos bens, podemos aprender muito com esta história que nos precede. As ricas contribuições do magistério social eclesial nos permitem compreender tanto as dificuldades presentes em cada período histórico como também superar certa visão simplificada e polarizada que tanto prejuízo pode causar à consciência cristã como à boa convivência social.

Desse modo, julgamos conveniente lançar um olhar sobre alguns desafios teológico-sociais do momento presente, que julgamos instigantes e que nos estimulam a retornar a uma boa tradição bíblico-eclesial, fonte de toda reflexão cristã, bússola perene que ilumina as consciências dos cristãos em todas as épocas.

2
Desafios teológico-sociais de hoje

No presente capítulo queremos apresentar alguns desafios que se colocam no horizonte da moral social compreendida no "hoje"; isto é, no presente ainda em aberto da nossa cultura e reflexão teológica. Queremos elencar ao menos três outras perspectivas que influenciam decididamente a atual conjuntura social e cultural da nossa sociedade: primeiro, o impacto das novas tecnologias e as *fake news*; segundo, o renascer do complexo fenômeno do fundamentalismo, do fanatismo e do neoconservadorismo; e, terceiro, a despolitização, a desmobilização da consciência social e o retorno do também fenômeno do populismo. Todas estas realidades certamente exigem ulteriores aprofundamentos com desdobramentos e interpretações próprias.

Aqui apenas indicaremos as suas incidências como desafios a serem mais bem estudados por todos nós. Notamos que esses três desafios teológico-sociais são fundamentais para compreender o hoje, relendo e interpretando os ensinamentos magisteriais segundo uma impostação crítica e mais consonante com uma integral mensagem do "Evangelho Social", fonte iluminadora dos cristãos na vida social.

2.1 O impacto das novas tecnologias e as *fake news*

O atual contexto cultural está marcado por uma série de incertezas e perspectivas ainda a serem mais bem compreendidas. Vivemos hoje em um momento complexo e decisivo, mas de contínua abertura na construção da história humana. Mais do que um problema, o *ethos* contemporâneo se apresenta como uma configuração complexa e desafiante. Valadier fala em crise da racionalidade e da religião que caminham juntas com outras crises humanas e éticas (VALADIER, 2013, p. 283-300). A relação entre o cristianismo e a civilização tecnológica (BERGMANN, 1969)[15] é uma discussão amplamente debatida no Ocidente, embora hoje possua variações, impostações próprias e intepretações das mais possíveis.

Garcia diz que respiramos certo ar que exprime o contexto paradoxal: de desconfiança porque somos feridos por falsos profetas contemporâneos, mas também esperançosos porque na crise surge uma procura de superação da mediocridade e dos interesses classistas (GARCIA, 1989, p. 152-164). Há quem diga que o verdadeiro conflito entre a Igreja e o mundo moderno passa pela mídia (GENDRIN, 1998, p. 191-200), fabricadora e desreguladora de novas formas de pensar, de viver e de se posicionar diante do cenário de uma cultura em ebulição.

O *ethos* de boa parte dos nossos contemporâneos – estabelecendo, portanto, uma forte relação com o provisório que permeia a vida e a consciência com todas as suas representações – prolonga essa provisoriedade ao infinito, gerando certo sentimento de impotência e também de fechamento das consciências em si. Esse fato nos faz constatar que a vida é vivida como uma série de episódios, cada um tendo um valor particular em si, sem relações

---

15. Nesta reflexão de Bergmann, na esteira da *Populorum Progressio*, de Paulo VI, o autor já delineava um mundo em mutação com futuras consequências que hoje os contemporâneos percebem com maior nitidez.

profundas e duradouras com as grandes estruturas da sociedade e das sociedades (THEOBALD, 2014, p. 10).

Há um mecanismo sutil na cultura consumista presente nas contradições do mundo contemporâneo que precisa ser conscientizada e educada. Embora exista a ideia de que o sujeito é autônomo e capaz de decidir livremente, há também a concepção de que o ser humano vive num mundo destruído, no qual a existência é confinada à banalidade (VACCARINI, 2001, p. 34-35). Na verdade, as mais variadas formas e impactos das tecnologias afirmam a composição sociocultural heterogênea e complexa diante de um contexto anterior mais monolítico e bem-ordenado.

Há, em consequência, uma sutil perspectiva de que o consumidor é pobre de capacidade crítica e imaginativa, e, portanto, incapaz de assimilar os modelos culturais, reelaborando assim a sua vida na sua totalidade. Portanto, o ser humano é livre para consumir, já que a sua existência é banal sem visão da totalidade. O *ethos* contemporâneo na "certeza incerta" (BAUMAN, 2000, p. 32) do ser humano, mas também imersa fortemente em uma sociedade de consumidores (BAUMAN, 2010, p. 106), coloca-se como um desafio para a reflexão ética cristã e uma visão integral de moral social. O *ethos*, portanto, é configurado como fruto de um itinerário no qual a era tecnológica exerceu as suas influências em todas as dimensões do ser humano.

A era tecnológica está profundamente enraizada no *ethos* contemporâneo e pode ser considerada como a responsável em unir a humanidade na Modernidade nos mesmos objetivos de busca pelo desenvolvimento (ARON, 1965, p. 9). O ser humano, desde a sua origem, buscou afrontar os problemas imediatos ao longo da história. No fundo, a atitude de buscar uma solução aos problemas é o reflexo da superação dos limites que a natureza impôs, sendo que a necessidade de sobreviver força-o a superá-la (MONDIN, 2000, p. 199).

A sua condição de um ser em sintonia com a natureza, mas ao mesmo tempo racional, fez com que ele buscasse formas de adaptação nos vários ambientes, levando-o a chegar a grandes graus de especializações (GEHLEN, 1983, p. 60), consolidando assim a sua complexa realidade. Frágil e resistente, evoluiu à medida que superou suas carências em busca de um sentido além da determinação natural (GEHLEN, 1983, p. 61). É a sua própria consciência que, crítica e em tensão diante do real e do determinismo externo, supera a si mesmo, na procura por ser mais.

Podemos dizer que a técnica nasce ou surge com o homem (GISMOND, 2002, p. 1.351). Nos inícios, como uma arte (FROGNEUX, 2013, p. 1.965), como um auxílio, como um meio ou um instrumento na busca pela sobrevivência e harmonização com a natureza externa a ele. A técnica surge como uma condição de superação ou substituição dos próprios órgãos humanos naturais (GEHLEN, 2005, p. 136-137) na luta pela sobrevivência e contra a extinção da espécie.

A lenta revolução científica e tecnológica vem acompanhada por uma série de mudanças históricas. Com a nova atmosfera social, política e cultural das sociedades ocidentais no pós-guerra, no mundo contemporâneo eclode uma renovação no modo de pensar o ser humano e a ética, criando-se uma grande confusão e generalizada inquietude. É nessa realidade profundamente desafiante que vivemos e é nela que somos chamados a recriar as esperanças e um futuro promissor.

Nesta denominada "idade da técnica" (GALIMBERTI, 2008, p. 457) é que a ética em todas as suas dimensões é chamada a propor um modo de viver. Sabemos que o universo digital ou dos *mass media*, enquanto consequência da revolução tecnológica, geradora de uma nova forma de representação e habitação no mundo, desencadeia novas implicações éticas.

O universo digital, assim, alterando a tradicional adequação espaço e tempo, propicia uma nova forma de ser humano e de ser na história. Outras dimensões representativas do humano – como a percepção, a imaginação e a fantasia – ocupam um espaço importante no ato da decisão e da autorreflexão. A reflexão sobre a consciência e a sua formação neste novo "labirinto" (ZUCCARO, 2013, p. 212) não muito trafegável precisa ser problematizada e devidamente aprofundada.

É nesse relevante contexto das novas tecnologias que as *fake news* encontram um espaço social, interpelando-nos a pensar a sua própria moralidade. No conjunto da moral social, enquanto reflexão propositiva e analítica sobre o agir humano e cristão, não se encontra ainda um posicionamento sistematizado e completo sobre esse fenômeno que no fundo é um desdobramento da era tecnológica. Estamos como que tentando compreender a linguagem e o formato dos algoritmos e seus impactos na decisão e no agir humanos.

Contudo, o intuito, em moral social teológica, seria o de problematizar o modo de agir de muitos que, em ambiente virtual, podem destruir instituições sociais, famílias inteiras e pessoas em sua singularidade. Há uma certa tendência de "hiperinformação", que cria uma falsa impressão de que a informação é legítima; contudo, o que existe é uma grande desinformação, pois uma fonte aparentemente confiável planta notícias falsas em determinado ambiente, gerando desequilíbrio comportamental e confusão mental, induzindo o interlocutor a tomar o falso como verdadeiro (TRASFERETTI, 2018, p. 143).

O universo das *fake news* tem ganhado espaço no debate contemporâneo social e a moral social tem começado a se interpelar sobre a sua complexidade ética. Trata-se, em linhas gerais, de uma adesão à veiculação rápida e capilarizada de informações infundadas, baseadas em dados inexistentes ou distorcidos, com tendência a enganar e até a manipular o público-alvo. A sua divulgação em ampla escala, usando metodologias sofisticadas, pode influenciar, favorecer vantagens econômicas e até lançar tendências políticas, como se observa no cenário político social nacional.

O próprio Papa Francisco, no contexto da Mensagem para o Dia Mundial das Comunicações em 2018, exprimiu sua visão sobre essa realidade que tanto tem influenciado as consciências e certamente gera uma nova forma de moralidade. Diz ele:

> A eficácia das *fake news* fica-se a dever, em primeiro lugar, à sua natureza mimética; ou seja, à capacidade de se apresentar como plausíveis. Falsas, mas verossímeis, tais notícias são capciosas, no sentido de que se mostram hábeis em capturar a atenção dos destinatários, apoiando-se sobre estereótipos e preconceitos generalizados no seio de um certo tecido social, explorando emoções imediatas e fáceis de suscitar, como a ansiedade, o desprezo, a ira e a frustração (PAPA FRANCISCO, 2018).

Sabe-se que nos tratados ou manuais clássicos de moral social o tema das *fake news* não tinha tanto espaço, até porque é um fenômeno próprio do avanço das novas tecnologias de informação aplicadas, posteriores à grande veiculação de informações distorcidas, próprias do âmbito de convivência humana mais contemporânea. Se há uma questão ética por trás de certo escândalo provocado pelas *fake news*, esta se dá por uma certa atitude de fechamento e intolerância diante da verdade do outro.

Diz-se que o grande problema ético subjacente à disseminação de *fake news* pode ser verificado na dificuldade humana e social de aceitar o outro – a alteridade – em sua total manifestação livre e verdadeira no tecido de qualquer sociedade. No fundo, há uma certa teia organizada, por meio da divulgação de informações falsas, de desmoralizar e difamar a dignidade da pessoa diferente, que foge ao pensamento único. Diz ainda o Papa Francisco:

> A dificuldade em desvendar e erradicar as *fake news* é devida também ao fato de as pessoas interagirem muitas vezes dentro de ambientes digitais homogêneos e impermeáveis a perspectivas e opiniões divergentes. Esta *lógica da desinformação* tem êxito porque, em vez de haver um confronto sadio com outras fontes de informação (que poderia colocar positivamente em discussão os preconceitos e abrir para um diálogo construtivo), corre-se o risco de se tornar atores involuntários na difusão de opiniões tendenciosas e infundadas. O drama da desinformação é o descrédito do outro, a sua representação como inimigo, chegando-se a uma demonização que pode fomentar conflitos. Desse modo, as notícias falsas revelam a presença de atitudes simultaneamente intolerantes e hipersensíveis, cujo único resultado é o risco de se dilatar a arrogância e o ódio. É a isso que leva, em última análise, a falsidade (PAPA FRANCISCO, 2018).

Deste modo, as *fake news*, realidade plena de complexidade, mas propulsora de contradições que exprimem o clima de violência simbólica e real diante das novas alteridades que se afirmam na convivência social, propiciam uma discussão sobre a necessidade de valores éticos que afirmem a dignidade da pessoa humana. Exige-se, de certo modo, uma constante atitude de discernimento e consciência crítica como modos de prevenção diante de uma forma comportamental incontrolável.

A divulgação de notícias falsas, hoje bem disseminadas, podem ser compreendidas ao menos em três categorias que se interpenetram mutuamente:

> A primeira é a desinformação (*desinformation*), que consiste em notícias falsas deliberadamente criadas e espalhadas para prejudicar uma pessoa, um grupo social, uma organização ou um país; a segunda é a notícia falsa propriamente dita (*misinformation*), compartilhada por uma pessoa desavisada que a princípio não tinha a intenção de prejudicar alguém; a terceira, a

"*mal-information*" (má informação), são notícias que, embora tenham bases reais, são editadas e disseminadas com a finalidade de causar danos – por exemplo, revelando publicamente temas da esfera privada (ALMEIDA; DONEDA & LEMOS, 2018).

Vivemos hoje, de fato, uma pandemia de notícias falsas que contagia a todos nós, pois ocorre mediante algoritmos capazes de compreender as nossas mais profundas necessidades emocionais e afetivas (HAN, 2018, p. 98), impulsionando não só nossas fantasias, delírios e sonhos mais inusitados, mas principalmente também a raiva (EMPOLI, 2020, p. 67-90)[16], afeto narcísico por excelência, que nasce de uma sensação de solidão e de impotência e que caracteriza a figura do adolescente, indivíduo ansioso sempre em busca da aprovação de seus pares, e permanentemente apavorado com a ideia de estar inadequado.

A cultura das *fake news* se situa no contexto da era tecnológica e está no contexto de uma complexa sociedade do consumo, na qual nossos afetos, e até instintos mais primitivos e irracionais, são estimulados de forma inconsequente e irrefletida. O mito do total consumo está envolvido nessa trama ou teia complexa. Já nos anos de 1980, Baudrillard como que vaticinava a união entre os consumidores com o consumo de informações:

> Antigamente bastava ao capital produzir mercadorias, o consumo sendo mera consequência. Hoje é preciso produzir os consumidores; é preciso produzir a própria demanda, e essa produção é infinitamente mais custosa do que a das mercadorias (BAUDRILLARD, 1985, p. 16).

---

16. Como se alude na própria capa do livro, o autor analiticamente constata como as *fake news*, as teorias da conspiração e os algoritmos estão sendo utilizados para disseminar ódio, medo, influenciar eleições e manipular a opinião pública.

Enquanto seres sociais, movidos por uma dimensão inteligente e emocional, somos chamados a decidir e a agir com responsabilidade diante dos dilemas que envolvem a complexidade da dinâmica social. Hoje, mais do que nunca, é necessária uma consciência crítica diante de inúmeros condicionamentos e manipulações para a boa ordem social entre as pessoas.

A maneira como as pessoas interagem nas práticas de consumo e no modo como disseminam notícias falsas evidencia formas de representação do *self*, de modo que as interações sociais entre os indivíduos são modos de construir significados pelo uso de linguagem e representam as estruturas culturais, políticas e sociais às quais os interlocutores pertencem (GOFFMAN, 2003). Hoje há um grande desafio no que se refere ao aspecto ético, educativo e de formação dos novos sujeitos em época de disseminação de informações e a capacidade de reflexão das mesmas.

Qualquer juízo de valor acerca do tema que envolva comunicação, informação e disseminação de imagens deve se fazer presente no campo da moral social, pois a cultura veiculada pela mídia transformou-se em uma força dominante de socialização: suas imagens e celebridades substituem a família, a escola e a Igreja como árbitros de gosto; valor do pensamento, produzindo novos modelos de identificação e imagens vibrantes de estilo, moda e comportamento (CERQUEIRA, 2009, p. 147).

Esse contexto impactante e paradoxal das tecnologias a serviço da rápida comunicação entre os seres em escala global faz emergir de um modo ainda interminável uma gigantesca quantidade de informações que são acessíveis ao grande público, mas também a corporações que manipulam e instrumentalizam, segundo interesses privados, um bem público. Ao mesmo tempo em que reconhecemos o grande valor e oportunidade da era tecnológica e da rápida veiculação de informações, insistimos na necessidade de se pensar um itinerário ético-educativo.

Do ponto de vista da moral social, busca-se um juízo valorativo, a partir das várias perspectivas ainda em análise, que possa ajudar numa melhor compreensão dos sujeitos envolvidos com suas consciências diante de fatos novos, implicando uma maior busca por ulteriores esclarecimentos e aprofundamentos. Em toda reflexão ético-moral a busca da verdade é um princípio que deve inspirar as consciências dos sujeitos e de modo particular os cristãos. Jesus Cristo foi um referencial de vida ao qual nos deve inspirar pela busca constante da verdade.

Assim, compreendemos que uma moral social de inspiração cristã deve assumir uma linguagem mais propositiva e formativa, em detrimento de ser apenas indicador, por meio de normas, do ideal. Desse modo, os desafios provenientes do avanço tecnológico exigem uma postura de diálogo e interdisciplinaridade, em escuta das inúmeras contribuições que podem ser obtidas das inúmeras ciências da vida. Em última análise, recordamos que a dignidade da pessoa humana é um princípio insubstituível para qualquer tipo de critério interpretativo no campo da moral social.

2.2 O fenômeno do fundamentalismo: entre o fanatismo e o neoconservadorismo

De modo análogo ao impacto das tecnologias e das *fake news*, percebe-se um crescente renascimento de um fenômeno tão complexo e de difícil juízo moral que é concomitante ao grande acúmulo de informações e que muda a forma de viver e ter que decidir questões existenciais dos sujeitos. Trata-se propriamente do fundamentalismo e sua influência em ambos movimentos ainda a serem aprofundados, tais como o fanatismo e o neoconservadorismo[17].

---

17. Há um número da Revista *Concilium* (161, 1981/1) que, embora antigo, já tratava do tema acerca do neoconservadorismo, cujo título era "O neoconservadorismo – Um fenômeno social e religioso", mas em um contexto de mundo em mutação.

Não se pode confundir o fundamentalismo com as suas consequências tão vivas na atual cultura global.

Aqui se pretende apenas verificar as origens e características gerais do fundamentalismo, com o intuito de associá-lo ao fanatismo e ao conservadorismo, a uma certa resistência que surge ao se tratar de temas relacionados à moral social ou a qualquer posicionamento que estimule os sujeitos a superarem uma visão ingênua ou mágica da existência, extraindo a complexidade.

Na época em que vivemos, caracterizada pelo fim das ideologias históricas, pela crise do capitalismo e pelo advento da globalização, foi-se criando uma profunda fissura na identidade do Ocidente. Este, "ameaçado" na fronteira oriental por uma outra compacta e impermeável concepção identitária, a do Islã, e desestruturado internamente pela proliferação de particularismos religiosos, ideológicos e culturais, pelo relativismo ético e pela difusão de concepções ateístas da vida, nos últimos anos viu-se obrigado a rever o problema de sua identidade.

O fundamentalismo costuma ser discutido sob diferentes ângulos como, por exemplo, em um âmbito psicológico, ou puramente sociológico. Aqui quer se dar um viés mais panorâmico, tendo como escopo oferecer luzes para melhor compreender o desafio de viver e operacionalizar os princípios reflexivos da moral social no contexto de transição em que se vive. Existem atitudes fundamentalistas em diversos campos da ação humana: político, cultural, econômico, religioso etc.

Do ponto de vista religioso – o que influencia determinada visão de moral social –, o fundamentalismo pode ser compreendido como um movimento que procura recuperar a autoridade de alguma tradição sagrada, que deve ser reintegrada; ele se manifesta como uma reação e, ao mesmo tempo, um remédio, um antídoto contra comportamentos e valores de uma sociedade que se desviou de suas verdadeiras intenções e de seu verdadeiro caminho (GUA-RESCHI, 1994, p. 2).

O fundamentalismo, no seu aspecto religioso, encontra as suas bases em uma busca de identidade diante da complexa condição plural e heterogênea da sociedade. Para Giddens, trata-se de uma

> [...] tradição defendida da maneira tradicional [...] num mundo globalizante que exige razões. O fundamentalismo, portanto, nada tem a ver com o contexto das crenças, religiosas ou outras. O que importa é o modo como a verdade das crenças é defendida ou sustentada. O fundamentalismo nada diz respeito àquilo em que as pessoas acreditam, mas, como a tradição de maneira mais geral, ao modo como acreditam e ao modo como justificam sua crença. Não está limitado à religião. [...] O fundamentalismo pode se desenvolver no solo de tradições de todos os tipos. Não tem tempo para a ambiguidade, a múltipla interpretação ou a múltipla identidade – é uma recusa do diálogo num mundo cujo ritmo e cuja continuidade dependem dele (GIDDENS, 2007, p. 58-59).

Destarte, o fundamentalismo é uma forma de ver a vida e o mundo a partir do seu próprio modo de se perceber na trama das relações no contexto das ambiguidades. Nessa complexa trama, cuja visão de mundo é amparada no próprio indivíduo com os seus valores, vai se impondo paulatinamente, mediada pela rápida transmissão de valores e informações nos meios digitais ou virtuais, uma mentalidade individualista. Passa-se, assim, de uma cultura do "indivíduo-fora-do-mundo ao indivíduo-centro-do--mundo" (DUMONT, 2000, p. 35), tecnicamente hábil em construir e impor suas convicções.

De outro modo, o fundamentalismo surge e se impõe, nesse lento processo de readequação da verdade dos indivíduos; é um fenômeno que indica a necessidade do amadurecimento da pessoa no âmbito onde se vive. Para Boff, o fundamentalismo é

> uma forma de interpretar e viver a doutrina. É assumir a letra das doutrinas e normas sem cuidar de seu espírito e de sua inserção no processo sempre cambiante da história, que obriga a contínuas interpretações e atualizações, exatamente para manter sua verdade essencial. Fundamentalismo representa a atitude daquele que confere caráter absoluto ao seu ponto de vista. Sendo assim, imediatamente surge grave consequência: quem se sente portador de uma verdade absoluta não pode tolerar outra verdade, e seu destino é a intolerância. E a intolerância gera o desprezo do outro, e o desprezo, a agressividade, e a agressividade, a guerra contra o erro a ser combatido e exterminado (BOFF, 2002, p. 25).

Tanto a perspectiva de Giddens como a de Boff indicam que as pessoas, ao buscarem seus referenciais de vida – seja na sociedade ou na religião –, estão indagando a si mesmas sobre como é possível viver a verdade idealizada em que se acredita, na própria condição concreta com suas particularidades e circunstâncias. Essa realidade atual impacta profundamente o modo como as pessoas respondem ou rejeitam valores morais, provenientes do *ethos* em que se vive. Em vista disso, este tema tem uma incidência no campo da moral social, justamente porque toca no comportamento das pessoas e o aspecto valorativo em torno do evento cristão.

Historicamente falando, o termo fundamentalismo nasceu em 1909 no contexto da experiência do protestantismo norte-americano, em contraposição às teorias do liberalismo teológico. Entre as palavras de ordem do fundamentalismo encontramos conceitos-chave de uma visão conservadora, fechada e restrita da sociedade: exclusivismo, isolamento, antagonismo, atitude defensiva e agressiva em relação a quem pertence a outros credos ou confissões, ou a quem não professa credo algum, como os ateus ou os agnósticos, mas também em relação aos pertencentes ao mesmo grupo ideológico que, entretanto, mantêm um comportamento e uma atitude não radical, moderada, ou que propõem uma interpretação não restritiva da verdade religiosa (CESCON, 2011, p. 403).

Acredita-se que ao buscar um "fundamento" seguro para si deve-se vivê-lo de um modo absoluto segundo o próprio ponto de vista, independentemente da séria e meticulosa interpretação do ideal na realidade. Eis por que, para Boff, o "fundamentalismo representa a atitude que confere caráter absoluto ao seu ponto de vista" (BOFF, 2002, p. 49) diante das vicissitudes e inconstâncias da vida. Em geral se confunde o *fundamentalismo* com *integrismo*, com o *tradicionalismo*, com o *conservadorismo* e com o *integralismo*. A seguir faremos uma sintética distinção didática e terminológica.

O *integrismo* é uma corrente de pensamento e de ação originada no catolicismo do século XIX, como reação ao Iluminismo e à Revolução Francesa. Ele exprime a exigência de reconquista da função central da religião numa sociedade como a Moderna, que pretende decretar a "morte de Deus" ou funcionar "como se Deus não existisse". Para fazer essa exigência valer, o integrismo considera a doutrina da Igreja Católica um repertório de princípios fundamentais que devem ser aplicados a todas as esferas da vida social, rejeitando a própria ideia de autonomia relativa das esferas do agir humano. Portanto, o integrismo possui um caráter propriamente moral, e ainda mais, quando se vê que o empenho político de muitos católicos integristas pretende restaurar uma sociedade cristã e um Estado teocrático[18].

O *tradicionalismo*, em linhas gerais, mais do que uma corrente de pensamento sistemática, é uma tendência que encontramos em muitas religiões e que geralmente se exprime com a ideia de que a linha de crença consolidada no tempo não deva ser mudada sob

---

18. Para maiores aprofundamentos cf. "L'integrisme: de sa forme catholique à sa généralisation savante". In: *Les Intégrismes* – Revue La Pensée et les Hommes, n. 2, 1985, p. 9-18.

risco de desvalorização e empobrecimento. Diante da complexa fragmentação das construções culturais e sociais e as suas interferências na experiência religiosa do sujeito, em seu processo de subjetivação da fé, há um difícil caminho de discernimento entre o que é essencial e o que é provisório (TERRIN, 2003, p. 339). Esse árduo processo pessoal, também eclesial e comunitário, nem sempre atinge níveis de amadurecimento consideráveis. Pode-se desembocar em mecanismo de "mitificação" de uma experiência passada, isolada do seu contexto, com toda sua conflitualidade, idealizando-a de forma acrítica e projetando-a em um presente projeto de sociedade.

O *conservadorismo*, ao contrário, expressa-se sobretudo no temor da perda de influência social da religião. Em ambas as manifestações, falta a absolutização de um livro sagrado e o mito de uma sociedade das origens que deva ser reproduzida no tempo presente, como ocorre, contrariamente, no fundamentalismo[19]. Há uma espécie de saudosismo de um tempo que não pode ser vivido na sua totalidade. Destarte, assume-se um elemento dele no atual, atualizando-o conforme o sentido dado. Em tempos de globalização, em que todas as esferas da vida humana passam por certos desgastes identitários, tendendo a se pluralizar (MARIZ, 2006, p. 53), o conservadorismo, enquanto tendência e orientação de vida, tem sido um caminho trilhado por muitas pessoas e até por católicos.

O *integralismo* tem como base um princípio de tradição a defender e a conservar. De um lado ele gera um violento uso dos instrumentos de poder contra a secularização e o pluralismo religioso, a fim de promover um modelo político, social e doutrinário

---

19. É sugestivo, para os que estudam moral social, compreender os mecanismos, linguagens e códigos presentes na raiz das culturas e sociedades. Em se tratando de Brasil, numa linha interdisciplinar, recomenda-se para o tema do conservadorismo a leitura de SILVA, J.M. *Raízes do conservadorismo brasileiro* – A abolição na imprensa e no imaginário social. Rio de Janeiro: Civilização Brasileira, 2017.

conforme ao fundamento ao qual faz referência (PELCHAT, 1996, p. 405). De outro, o integralismo é uma ideologia que funda o catolicismo num sistema que se pretende capaz de responder a todas as instâncias e às exigências humanas, às perguntas mais profundas, seja no plano metafísico e fideísta, seja naquele profano da organização e da convivência civil. Nessa perspectiva, o catolicismo se mostra impermeável: a cada pergunta, a cada problema há uma e somente uma resposta, conforme a ortodoxia, e geralmente calcada sobre uma experiência do passado (RÉMOND, 1989, p. 95-105).

Se a moral, enquanto saber teórico-reflexivo-prático, é chamada a oferecer um contínuo horizonte de sentido às consciências das pessoas (e dos cristãos), sujeitos presentes em contextos e circunstâncias históricas particulares de todas as épocas, não podemos pensar que ela seja totalmente neutra ou ausente de visões que de algum modo não tenham qualquer característica que tenda a absolutizar pontos de vista particulares. Uma certa insistência em denunciar qualquer tipo de relativismo moral já é uma forma inversa e velada de desmerecer algum outro ponto de vista que incomoda ou destoa com apenas uma possível explicação única (ALMEIDA, 2017, p. 151-171).

A moral social, por ser um âmbito reflexivo que lida com compreensões e evoluções de perspectivas *a priori*, de caráter doutrinal, e sua assimilação pela consciência livre do sujeito (o cristão), lida continuamente com a hermenêutica de textos – situados em uma determinada cultura particular – mas também deve salvaguardar os princípios norteadores. Nesse processo "epistemológico" pode-se reduzir a compreensão de caráter mais geral a uma única e subjetiva perspectiva que empobrece a noção do todo (CORTINA, 1996, p. 83-104)[20].

---

20. Cortina percebe que, de um modo geral, as religiões que oferecem um horizonte de sentido ideal e absoluto às pessoas não traduzem para elas um modo de viver de

Essa complexa relação entre o "fundamento" da religião (objetividade) e o "fundamento" assimilado pela forma de compreender do próprio sujeito em sua particularidade (subjetividade) exprime a dificuldade em tratar do tema em sua profundidade. Desse modo, no contexto religioso, o fundamentalismo é designado como uma espécie de reação contra toda forma de modernidade (MARTY, 2004, p. 762) ou hermenêutica geradora de vários sentidos, para além de um único.

No âmbito protestante, o fundamentalismo esteve marcado por ao menos três reações no final do século XIX: a) aceitação ou não das teorias darwinistas da evolução; b) o ensinamento da crítica bíblica; c) visão progressista da história. No catolicismo, embora a Bíblia não tenha se tornado a única e exclusiva autoridade, favoreceu uma maior explicitação no desenvolvimento do dogma e a importância da tradição (MARTY, 2004, p. 762-763).

No que tange à moral social, o tema do fundamentalismo, aliado ao fanatismo e ao neoconservadorismo, relaciona-se a uma certa incapacidade de aceitar as ambiguidades presentes na história, nas suas formas de interpretação, buscando em uma visão romântica e idealista a solução para a traumática relação e aceitação dos valores da "mundanidade". Esta é uma questão que necessita de uma análise crítica, pois,

> [...] vivemos atualmente sob o império feroz de vários fundamentalismos, pois todos os sistemas, sejam culturais, científicos, políticos, econômicos e até artísticos, que se apresentam como portadores exclusivos da verdade e de solução única para os problemas devem ser considerados fundamentalistas (BOFF, 2002, p. 38).

---

forma mais serena os seus conflitos pessoais, que na maioria das vezes não são assumidos nessa perspectiva mais global. Desse modo, o conflito pessoal, externado na convivência social, torna-se o *modus vivendi* da maioria das pessoas na relação com o diferente ou com outros valores diferentes do seu.

Se uma reflexão sobre moral social tem como objetivo apontar caminhos viáveis na realidade dos dramas presentes na sociedade, então convém tecer uma reflexão crítica constante a toda forma de "petrificação" de elementos doutrinários que tendem a ocupar a capacidade crítica dos sujeitos que vivem as tensões sociais com respostas simplistas. Já nos anos de 1980, no contexto da América Latina, o movimento neoconservador era uma questão que inquietava a reflexão dos teólogos. Segundo Fleet,

> no âmago do movimento neoconservador se acha a tendência a "deixar as coisas como estão". Os neoconservadores são ex-progressistas que agora se mostram céticos acerca dos esforços por criar uma sociedade nova ou justa. Alguns cheios de ansiedade, outros não, concluíram que os esforços governamentais por eliminar a pobreza ou a desigualdade criaram mais problemas do que resolveram. Em vista disso, esperam relativamente pouco da política ou do governo, mostram maior estima (ou tolerância) pela atual ordem e suas limitações e buscam a autorrealização pessoal ou algum consolo através de iniciativas e associações privadas (FLEET, 1981, p. 83).

Ainda que essa perspectiva seja fruto de uma análise passada, percebe-se na apreciação precedente que o tema da moral social é presente no contexto do fenômeno do neoconservadorismo, justamente porque toca no modelo de sociedade, de política e de economia a que se aspirava e o seu limite, proveniente das mudanças no cenário tanto internacional como nacional. Os costumes e os comportamentos, em geral, são objeto de juízos em qualquer tecido social. No caso da tradição cristã, que passa por contínuas interpretações do seu conteúdo na historicidade, esse fenômeno emerge com toda a força onde um certo fechamento das consciências impede a superação de um simplismo para uma visão de complexidade.

No que se refere à posição do magistério eclesial, há uma certa insistência que de um lado é paradoxal, pois se há, da parte dos cristãos, uma busca equilibrada da própria identidade em meio às pluralidades, propõe-se o princípio da tolerância e da liberdade religiosa. Pode-se verificar isso em uma mensagem do Papa João Paulo II para o Dia Mundial pela Paz em 1º de janeiro de 1991, quando abordou o problema do seguinte modo:

> A garantia da existência da verdade objetiva reside em Deus [...] não se pode negar que, apesar da doutrina constante da Igreja Católica, segundo a qual ninguém deve ser obrigado a crer, surgiram, no decurso dos séculos, não poucas dificuldades e até conflitos entre os cristãos e os membros de outras religiões. [...] Infelizmente somos ainda testemunhas de tentativas para impor aos outros uma concepção religiosa particular; quer diretamente, graças a um proselitismo que lança mão a meios de verdadeira e própria coação, quer indiretamente, através da negação de certos direitos civis ou políticos. Particularmente delicadas são as situações em que uma norma especificamente religiosa se torna, ou tende a tornar-se, lei do Estado, sem ter em devida conta a distinção entre as competências da religião e as da sociedade política. [...] o fundamentalismo pode levar à exclusão do outro, da vida civil, ou, no campo da religião, a medidas coercitivas de "conversão" (PAPA JOÃO PAULO II, 1991).

João Paulo II, em uma de suas encíclicas sociais, ainda reconhece que o fundamentalismo existe e precisa ser combatido de uma forma racional. Ele diz claramente:

> A Igreja também não fecha os olhos diante do perigo do fanatismo, ou fundamentalismo, daqueles que, em nome de uma ideologia que se pretende científica ou religiosa, defendem poder impor aos outros homens a sua concepção da verdade e do bem. Não é deste tipo a verdade cristã (PAPA JOÃO PAULO II, 1991, n. 46).

Para Milbank, a teologia, que antes prestava apenas um serviço de explicitar com racionalidade a doutrina e as consequências do ato de crer, no contexto da moral social, é chamada a compreender melhor a Pós-modernidade – contexto no qual o fundamentalismo cresce – e captar que tanto os objetos da fé cristã como as modalidades da experiência cristã derivam de uma prática cultural particular que projeta objetos e posiciona sujeitos numa mesma operação, relacionando um conjunto com o outro (MILBANK, 1995, p. 488).

Se o fundamentalismo é marcado por uma certa tendência de absolutizar um ponto de vista ou uma forma de interiorização da verdade, esse fenômeno vem acompanhado de dois outros que, de certo modo, neutralizam a capacidade de pensar e refletir – dimensões essenciais para a moral social – para além de uma postura mais crítica e orgânica: o *fanatismo* e o *neoconservadorismo*.

O *fanatismo* (HALE, 2000)[21] é o que a própria etimologia sugere. A palavra provém de *fanum*, em latim, e, mais arcaico, *fanós*, em grego, que podia primeiramente significar o mastro ou a vela de um navio, depois uma torre ou uma coluna, um sinal sobre as montanhas para quem precisasse de orientação, até que, finalmente, já em tempos da Roma antiga, significou um espaço sacro, um templo. Neste caso o espaço sagrado era circuncidado por um elemento de separação que o tornava um "recinto" – um muro, uma cerca, uma sebe – além do que está o "pro-fano" (SUSIN, 2017, p. 205).

A implicação social, propriamente em sentido moral, assumindo comportamentos, hábitos e costumes, é que o fanatismo se caracteriza por uma espécie de "inundação" ou forte manifestação do sagrado e da experiência religiosa em todas as esferas seculares, podendo se caracterizar como uma "patologia da experiência religiosa ou experiência do sagrado" (SUSIN, 2017, p. 205), ao

---

21. Há um relevante estudo sobre o fanatismo realizado por Günter Hale: *Il fanatismo – La propensione all'estremismo e le sue radici psichiche*. Milão: San Paolo, 2000. O autor, além de teólogo, é médico especialista em psiquiatria e neurologia.

contrário da pro-fanação, que seria a invasão do espaço secular, para dentro do recinto sagrado. Esta é, de fato, uma grande tendência que as sociedades vêm atravessando em seus processos; ora de afirmação do modelo democrático, ora de fragmentação das escolhas políticas em eleições e mecanismos sutis de poder simbólico e religioso.

Esse fenômeno muito complexo, mas bem presente em nossa sociedade contemporânea, e de modo particular no Brasil, tem encontrado uma forte irradiação, já que por trás do fanatismo há uma tentativa pela qual os sujeitos buscam encontrar seus espaços. Tanto o fundamentalismo como o fanatismo e o neoconservadorismo não foram temas tratados pela clássica moral social, enquanto fenômenos que impactam uma vivência equilibrada da virtude da religião, mas necessitaria hoje de uma aprofundada leitura, pois os seus protagonistas, em geral, veiculam atitudes, comportamentos e valores que, se de um lado são defendidos como cristãos, de outro exprimem certa visão parcial e sectária de realidades que exigiriam um maior desdobramento teórico-prático[22].

A religião ou a experiência religiosa nas percepções desses novos interlocutores sociais são facilmente caracterizadas como massa fácil de manobra e de condicionamento sobre suas consciências, pois, no fundo, o fanatismo é similar a uma experiência de paixão amorosa; isto é,

> [...] o fato de que a tendência a inundar tudo de sacralidade é algo inerente a uma forte experiência religiosa. Ela tem uma analogia curiosa nas experiências de uma

---

22. Para um maior esclarecimento sugere-se a leitura de ARMSTRONG, K. *Em nome de Deus* – O fundamentalismo no judaísmo, no cristianismo e no islamismo. São Paulo: Companhia das Letras, 2001. • MARINS, J.F. & TREVISAN, T.F. *Fundamentalismos*: obsessão contemporânea. Santa Maria: Palloti, s.d. • MARTELLI, S. *A religião na sociedade pós-moderna, entre secularização e dessecularização*. São Paulo: Paulinas, 1995. • MARTY, M.E. "O que é fundamentalismo? – Perspectivas teológicas". In: *Concilium*, n. 241, 1992/3, p. 13-26.

paixão intensa: ela se torna acachapante, esmagadora, absorvente e, ao mesmo tempo, fonte de energia, de inspiração, de exuberância, de vitalidade sem limites. Os recém-apaixonados têm adrenalina em grande circulação. Os recém-convertidos têm adrenalina espiritual muito intensa, e com tal entusiasmo podem criar confusão, inundar todas as esferas da vida pessoal e social, tornar-se impróprios em ambientes "profanos" e leigos à sua experiência religiosa. É nesse sentido que o fanatismo, que invade todas as esferas da vida, é mais profundo do que o fundamentalismo, que diz respeito essencialmente à consciência. O fanatismo diz respeito à experiência, que é mais profunda e mais totalizante do que a própria consciência. Por isso, é mais visível em suas expressões afetivas e emocionais. Mas é claro que fanatismo e fundamentalismo se dão as mãos, assim como consciência e emoção (SUSIN, 2017, p. 205-206).

Do ponto de vista moral, ainda não se tem uma certa constatação precisa e geral que faça a devida análise dos efeitos entre o fundamentalismo religioso, o fanatismo e o neoconservadorismo (COMBLIN, 2001, p. 82-83)[23]; porém, percebe-se a importância de se formar bem a consciência das pessoas segundo valores que são fruto do bom-senso, da verdade, do diálogo e da paz social, superando todo tipo de manipulação fácil ou ideologização de grupos religiosos sectários.

Não há como negar que para os fundamentalistas religiosos a ação política deve ser sempre orientada pela verdade religiosa. A sociedade perfeita é aquela que se submete à compreensão mais abrangente da vida. A partir desse princípio justificam-se intervenções violentas nos estados independentes e "guerras santas"

---

23. Para Comblin, esse modo próprio de viver o neoconservadorismo encontra as suas bases na cultura católica e nas colônias puritanas (de matriz protestante), nas quais há um desejo de purificar a matriz ibérica, indígena e africana, retornando a um barroco colonial.

contra "hereges", matar em nome de Deus e outras intervenções violentas (COSTA, 2014, p. 235).

Diante do perigo visível em mecanismos reprimidos nas consciências de muitas pessoas, e dos cristãos de modo particular, urge a necessária denúncia do que significam esses fenômenos – panoramicamente considerados – para compreendê-los no contexto da moral social. Formar a consciência dos cristãos no contexto pós-moderno significa fazer emergir os âmbitos que impedem de se verificar a complexidade das situações concretas.

A doutrina social da Igreja, desse modo, aparece como uma instância profética, educativa e propositiva. Nesses momentos em que orientações religiosas, portadoras de narratividades caracterizadas por um certo ensimesmamento ou autorreferencialidade[24], carentes de uma perspectiva integral da visão cristã da pessoa humana, ocupam os espaços sociais, afirmamos a necessidade de revisitar o anúncio central de um evangelho social com referência ao modo de ser de Jesus Cristo, fonte de inspiração para os cristãos de todas as épocas.

2.3 A política diante da despolitização e o retorno dos populismos

Como o tema anterior sobre o fundamentalismo (fanatismo e neoconservadorismo) – relevante à reflexão de uma moral social integral em tempos de crise – queremos ocupar agora com a problemática da despolitização, da desmobilização, o retorno dos populismos e o impacto sobre as consciências, refletir e tentar compreender esse fenômeno tão presente na sociedade, na Igreja, mas de certo modo também pouco falado em suas motivações últimas.

---

24. Expressão muito recorrente e frequentemente usada pelo Papa Francisco, que pode ser encontrada em sua Exortação Apostólica *Evangelii Gaudium*, sobre o anúncio do Evangelho no mundo atual (n. 8).

Trata-se, na verdade, de tentar buscar a origem do mal-estar contemporâneo – da sociedade líquida e paradoxal – diante do imperativo da moral social de impregnar a política com as sementes do Evangelho. Se de um lado, no contexto eclesial[25], temos uma visão positiva sobre a política e os sistemas políticos, nos dias atuais somos vitimados por uma certa descrença e ceticismo no que tange à arte de conviver nas sociedades e nas pluralidades democráticas; estas revelam de forma eloquente tanto o caos social como os valores assumidos por todos; em síntese, aparecem: conflitualidade, corrupção, informações de crimes, desvios do bem público, transgressões contra a justiça e a legalidade a partir de interesses pessoais, que de certo modo ferem a beleza da capacidade humana em administrar o bem coletivo (OSA, 1999, p. 639).

Na cultura política em que vivemos, marcada por uma espécie de "despolitização", de desmobilização da consciência social e até um certo retorno de discursos e práticas populistas, exprime-se essa complexa realidade do que sempre foi o fenômeno político. Nesse âmbito, tanto as subjetividades se constroem e se afirmam como também grupos e entidades encontram um espaço de discursividade e renovação dos valores morais. Nesse horizonte de narrativas a(s) religião(ões) também imprime(m) um caráter de sentido para a consciência das pessoas.

O que há, no contexto político contemporâneo, é um retorno inédito do religioso na esfera pública e nas novas arenas políticas (virtuais ou não). Enquanto a secularização e o progresso pareciam

---

25. Basta olhar o índice analítico do *Compêndio da Doutrina Social da Igreja* (São Paulo: Paulinas, 2004, p. 472-473) para perceber as inúmeras referências acerca da questão política no magistério eclesial e a sua relação com as várias instâncias sociais e econômicas contemporâneas. Aqui também fazemos questão de citar a volumosa obra de Marciano Vidal (*Moral de atitudes III* – Moral social. 4. ed. Aparecida: Santuário, 1995), que entre as p. 441-527 faz uma brilhante apresentação sobre o que ele chama de "Moral política", onde delineia as grandes matrizes bíblicas, patrísticas, teológicas e magisteriais sobre posicionamentos mutáveis e os seus princípios perenes em matéria de ensinamento moral sobre a política.

afastar tanto os atores confessionais quanto os imaginários religiosos, assiste-se a novas formas de articulação entre o político e o religioso. Surgiram partidos políticos que se referem a uma cultura religiosa, num contexto de despertar os nacionalismos (MABILE, 2019, p. 51).

Diante desse âmbito somos chamados a compreender melhor a questão para fazer, à luz da moral social, uma proposta de indicação no que tange à reflexão teológica. Por trás do fenômeno político há uma realidade que precisa ser sempre recordada; isto é,

> A organização comunitária da vida exige a criação de um instrumento normativo que canalize e possibilite a coordenação dos diversos fins e metas individuais. Não existem mecanismos reguladores que de forma automática resolvam os conflitos intersubjetivos. O fim desse instrumento outro não é senão manter esses níveis de conflito dentro dos limites necessários para fazer da convivência algo não apenas suportável, mas pacífico e livre, socialmente falando [...] *a política é o processo dinâmico em que se dão as diversas atividades organizativas dos grupos humanos, realizadas nos diversos níveis de sua comunicação social.* Esse fenômeno organizativo faz com que o político exija uma constante referência a uma totalidade suprema e englobante; ou seja, a ordem de todas as ações humanas (sempre institucional – e, portanto, hierarquizada) e que atua como finalidade superior do homem (OSA, 1999, p. 640)[26].

Entre a condição real, marcada por essa ambivalência humana e social, e a ideal, na qual os seres humanos necessitam buscar um

---

26. Essa mesma percepção sobre o sentido da política é percebida em CHIAVACCI, E. "Política". In: COMPAGNONI, F.; PIANA, G. & PRIVITERA, S. (orgs.). *Dicionário de Teologia Moral*. São Paulo: Paulus, 1997, p. 974-982. Para ele, a política pode ter dois significados bem precisos: "a) uma estrutura presente em um grupo com a função de regular e coordenar as diversas finalidades e funções de seus membros (indivíduos ou associados) e o modo de funcionar dessa estrutura; b) a atividade encaminhada para determinar os critérios ou os valores básicos de regulamentação da vida global do grupo, as finalidades primárias e intermediárias que precisam ser procuradas, os instrumentos para a sua consecução" (p. 974).

consenso para os pequenos e grandes conflitos, situa a política enquanto arte de autocompreensão racional sobre o possível e desejado no contexto das relações. Para o *Compêndio da Doutrina Social da Igreja* há um ideal a ser vivido na comunidade política, a ser cultivado continuamente na superação dos conflitos de interesses:

> O significado profundo da convivência civil e política não emerge imediatamente do elenco dos direitos e deveres da pessoa. Tal convivência só adquire todo o seu significado se for baseada na amizade civil e na fraternidade (*Compêndio da Doutrina Social da Igreja*, 2004, n. 390).

Qualquer estrutura política em seu existir e em seu agir é sempre, de algum modo, um exercício de poder do homem sobre o homem. O próprio poder dentro de um grupo só pode ser exercido de dois modos: por consentimento dos membros ou por coação sobre os membros do grupo (BOBBIO, 2000, p. 160-161). Desse modo, um homem obedece ao outro ou por amor ou pela força. Ou existe uma convicção comum da bondade de uma estrutura e de sua atividade ou é preciso o uso constante da força (física) e da ameaça.

Nesta constatação de caráter mais sociológico há um significado cuja origem da vida social baseia-se em uma conflitualidade a ser amadurecida e educada por valores sociais. De certo modo ainda há muito o que fazer na construção de uma sociedade e de uma política movida por valores. De um certo modo, o princípio cristão da amizade civil é algo a ser cultivado pela convivência entre os sujeitos e os atores.

No que tange à moral social, é tarefa dela descortinar e desmistificar as falsas ideias de que a sociedade é assim porque Deus quer. Essa falácia, sempre nova, com contemporâneas e débeis argumentações, sugere-nos que sempre existirá um poder antirreino como força antípoda à fé e ao anúncio do Evangelho que nos desafia na busca por um humanismo evangélico. Por trás de uma política com viés despolitizador e desmobilizador das consciências e dos humanismos – apenas como protetora de uma certa ordem social, autorizada pela judicialização reinante – sempre há interesses complexos envolvidos.

Esse fenômeno muito recente de "despolitização" ou também o imergir de novos "populismos" é fruto de um processo histórico segundo o qual a clássica definição de poder político centrado na boa organização do bem comum agora se rende de forma radical ao poder econômico e ao ideológico com força coativa e simbólica sobre os novos sujeitos (BOBBIO, 2000, p. 162)[27]. Essa perspectiva, sofisticada e amparada na nova lógica tecnológica, cria mecanismos simbólicos de coação que no fundo anestesiam a capacidade de pensamento crítico da consciência, no contexto na cultura de massas.

O populismo possui um contexto, podendo ser compreendido do seguinte modo:

> A história do populismo é bem conhecida desde seu surgimento na Rússia e nos Estados Unidos, no final do século XIX, até seu desabrochamento em países da América Latina no século XX (exemplo do líder argentino Juan Perón e do brasileiro Getúlio Vargas). É fácil discernir a fonte do populismo. Ela tem a ver, ao mesmo tempo, com os limites da mundialização econômica e com o sentimento de desclassificação social e de insegurança cultural que atingem as classes médias. A mundialização econômica sem dúvida provocou em nível global um recuo da pobreza, especialmente nos países menos avançados; mas nas democracias ocidentais o fracasso das políticas de redistribuição e os recuos do Estado de Bem-estar Social atingiram diretamente as classes médias, enquanto o *dumping* social em nível

---

27. Esta abordagem também tem a adesão de Pierre Bourdieu (*O poder simbólico*. Rio de Janeiro: Bertrand Brasil, 1989).

mundial, acentuado pelo surgimento das novas tecnologias que fragilizam as classes menos instruídas (e, portanto, as profissões pouco qualificadas e os baixos salários) marginaliza as classes populares (MABILE, 2019, p. 52).

As políticas reformistas dos partidos democrático-sociais se tornaram insuficientes no plano social e demasiadamente moderadas ou demasiadamente complexas em sua proposta política para satisfazer eleitores que não têm chaves de leitura de uma realidade internacional, os quais, à imagem dos migrantes, parecem hoje ameaçá-los. Desse modo se percebe que o populismo – fruto de um processo complexo de "despolitização" – aparece precisamente neste instante: o simplismo substitui a decifração complexa do mundo, apoiado nos mitos da conspiração ou da traição.

A moral social, desse modo, encontra uma sabedoria acumulada e refletida ao longo dos séculos que indica a importância da comunidade política como aquela que deve tutelar a boa convivência política (*Compêndio da Doutrina Social da Igreja*, 2004, n. 384), respeitando a consciência humana (n. 386), protegendo e promovendo os direitos humanos (n. 388), para que a amizade civil (n. 390), fonte da fraternidade humana, seja salvaguardada pelo Estado.

Segundo Müller, o espaço populista se erige em uma *dupla meta*: 1) *exterior*, fazendo-se representante de um povo homogêneo oposto a estrangeiros de rostos variados: figura do migrante (com as teorias conspiratórias e da grande substituição), do terrorista islâmico sunita ou xiita (sob formas variadas na Turquia, no Irã, nos Estados Unidos), da Europa multicultural (Reino Unido, Alemanha, Itália, França, Hungria, Polônia), dos ocidentais americano e europeu (Rússia), da oligarquia financeira; 2) *interior*, na qual o homem político populista se pretende representante do verdadeiro povo oposto; figura retórica com elites por um lado, mas também com minorias por outro – são exemplos os roms ou ciganos dos Bálcãs na Hungria e na Polônia (MÜLLER, 2016).

Há, no contexto político pós-moderno, tanto essa nova tendência populista que se consolida lentamente em nível mundial como também uma forma de viver a política que deveria ser orientada para a reafirmação do direito de os indivíduos livres se assegurarem e perpetuarem as condições de sua liberdade. A política pós-moderna, voltada para a criação de uma comunidade política viável, precisaria ser guiada pelo tríplice princípio de liberdade, diferença e solidariedade, sendo esta última a condição necessária e a contribuição coletiva essencial para o bem-estar da liberdade e da diferença (WANDERLEY, 2007, p. 60-61).

Ainda nesse sentido pós-moderno se percebe uma clara mudança de paradigma num lento processo pulverizado pelo poder das instituições, ocasionando uma espécie de "individualismo institucionalizado" (BECK, 2013, p. 68), que pode ser compreendido como um processo da sociedade moderna de desenvolver nos novos sujeitos uma biografia própria, de despegar das predeterminações coletivas com o intuito de romper com os modelos tradicionais, com os deveres atribuídos aos diferentes papéis sociais preestabelecidos.

As pessoas que não se comprometem com o fenômeno de enraizamento político por vias democráticas sentem-se desorientadas pelas mudanças sociais. Digitalização, globalização e, não por último, o aumento de crises globais (crise financeira, climática etc.) abalam os fundamentos de seu estilo de vida familiar e seguro. Outras veem-se econômica, social ou culturalmente marginalizadas e temem novos agravamentos para si mediante a vinda de outros e de estranhos. Para outras pessoas, formas de vida ou religiões estrangeiras são de tal modo inquietantes, que veem advir a derrocada de sua própria forma de vida, e, por isso, buscam repelir com todas as forças tudo o que é incomum (LOB-HÜDEPOHL, 2019, p. 96).

Para Vidal, esse cenário não tão recente de crise política é proveniente de uma tendência antiga segundo a qual a política foi dissociada da ética e da orientadora perspectiva cristã, desencadeando suas consequências ainda a serem mais bem-compreendidas e aprofundadas (VIDAL, 1995, p. 488). Eis por que é necessário, diante da complexidade da convivência política, compreender as várias esferas do poder, a organização no interior de cada nação e do Estado (SCUDELER, 2014, p. 103).

Desse modo, essa ampla e nova perspectiva sociológica e política nos convida a repensar a moral social para além dos convencionalismos e assumir que o problema político é sempre e inevitavelmente um problema ético. Conforme a humanidade avança e aprofunda suas relações os indivíduos são chamados a se inserirem em suas comunidades humanas e ali construírem sua existência pautada por valores.

Não podemos negar o fato de que a cultura ocidental em geral vive um clima de desmobilização de representatividade, marcando uma crise da democracia eleitoral; esta nem sempre suprimindo as aspirações emancipatórias dos cidadãos. Percebemos que esse fenômeno de desencanto democrático, oriundo de uma época de transição, estimula o crescimento de discursos populistas e de inspiração ou representatividade direta com o líder (EMPOLI, 2020), eximindo-se do debate político e público com o diferente e o antagônico.

A política, em sua esfera tradicional, superou fases da história marcadas por avanços, como a assunção dos direitos humanos, a organização de partidos que pudessem defender esses direitos e a representação paulatina de interesses diante de direitos inalienáveis. No novo cenário complexo e muito abrangente irrompe o testemunho real de novas demandas internacionais e nacionais, tais como: o terrorismo internacional, as mudanças climáticas, as crises financeiras acompanhadas pelo escândalo de corrupções, o aumento da desigualdade entre ricos e pobres e grandes ondas e movimentos migratórios em todo o horizonte (GEISELBER-GER, 2019). Respostas simples para dramas complexos revelam uma nova moralidade social que desafia a moral social de inspiração cristã.

Continua válida a máxima presente no *Compêndio da Doutrina Social da Igreja*, segundo a qual, a liderança, pessoa revestida de autoridade, legitimamente eleita de modo legítimo,

> [...] deve garantir a vida ordenada e reta da comunidade sem tomar o lugar da livre-atividade dos indivíduos e dos grupos, mas disciplinando-a e orientando-a, no respeito e na tutela da independência dos sujeitos individuais e sociais, para a realização do bem comum. A autoridade política é o instrumento de coordenação e direção, mediante o qual os indivíduos e os corpos intermediários devem se orientar para uma ordem cujas relações, instituições e procedimentos estejam a serviço do crescimento humano integral (*Compêndio da Doutrina Social da Igreja*, 2004, n. 394).

Diante desses novos cenários e desafios sociopolíticos impõe-se à consciência eclesial a retomada de um novo vigor para buscar uma fundamentação ao discurso público da fé baseado na racionalidade e no diálogo, condição indispensável no contexto em que vivemos. Assumir esses desafios não significa refutá-los ou elaborar juízos preestabelecidos, reflexo de um certo medo, mas acima de tudo lançar-se com coragem e ousadia, à luz da bela tradição cristã sobre o social, encontrando elementos para um discernimento necessário dos dias de hoje.

Os desafios sociais postos à reflexão de uma moral social de inspiração cristã oferecem a possibilidade de diálogo com campos de saber ou novos atores. Como o objetivo de uma visão orgânica e integral da pessoa passa pela análise dos valores morais que a movem, e hoje não se pode chegar a um conhecimento profundo do ser humano sem a contribuição de muitos saberes, aos quais a própria teologia faz referência.

Portanto, pretende-se no próximo capítulo apresentar algumas interlocuções dialógicas para a moral social que exprimem o desejo de pensar na dimensão inter e transdisciplinar. Por meio de uma visão proveniente da ética mundial, da questão ecológica e da emergente bioética procurará refletir o sentido social de uma inspiração da moral cristã, apresentando a conexão entre o saber teológico e o das ciências, que tanto contribuem para um aprofundamento da verdade do ser humano.

3
Perspectivas atuais de diálogo na moral social de inspiração cristã

> *As mudanças sociais, rápidas e profundas reclamam, de maneira premente, que ninguém, por desatenção a esse progresso ou por inércia, contente-se com uma ética individualista. Quanto mais o mundo se unifica tanto mais se evidencia que os deveres humanos superam os limites dos grupos particulares e vão se estendendo a todo o universo* (CONCÍLIO VATICANO II. *Constituição Pastoral* Gaudium et Spes, n. 30).

O presente capítulo pretende apresentar algumas perspectivas que são a oportunidade, em moral social, de estabelecer um diálogo propositivo com a cultura que nos desafia. À luz dos desafios e entraves, que foram apresentados anteriormente, queremos expor novas formas de fazer moral social de inspiração cristã, afirmando a importância do diálogo como chave interpretativa no âmbito de uma cultura da complexidade.

Este capítulo será abordado em três aspectos que julgamos fundamentais na atual cultura. Mais do que fazer denúncias que afetam a consciência social cristã queremos apresentar três sinais de esperança que se impõem como questões provocadoras para uma moral social integral que revela a grandeza da dignidade da pessoa. Diante dos desafios de ontem e hoje despontam luzes atuais que pretendem falar do ser humano criado à imagem de Deus.

Num primeiro momento faremos uma exposição reflexiva sobre o que se entende por *ética mundial* e dela apresentar autores que problematizam a necessidade de uma moral social global como *locus* do diálogo. No segundo momento será apresentada a gênese da *questão ecológica* e o problema moral que dela emerge, destacando a impostação social. Enfim, no terceiro momento, *a bioética* e a emergência da convivência social, a contribuição das ciências e a identidade a partir do humano.

3.1 A ética mundial e a busca por um diálogo ecumênico universal e social

A humanidade, nos últimos cinquenta anos, e principalmente no contexto ocidental, tem vivido mudanças rápidas e intermitentes em todos os aspectos possíveis; isto é perceptível nas relações e comportamentos entre os povos no que tange ao seu redirecionamento simbólico, à linguagem e à necessidade de contínuos diálogos.

Há quem diga que o ser humano só sobreviverá diante do seu "cansaço civilizacional" (HAN, 2017, p. 69) se reaprender a viver a partir da simplicidade de vida, diante da complexa teia de relações em que está envolvido. Não só a pessoa necessita de paz, mas também a sociedade à qual faz parte, as religiões, os vários países e acima de tudo a relação com a natureza e o planeta. A necessidade de buscar um consenso ético mínimo universal ou mundial acerca de valores que devem reger as condutas é um objeto de estudo da moral social enquanto reflexão crítica sobre postulados que possam dar indicativos para as consciências dos sujeitos.

Aqui queremos discorrer brevemente sobre o sentido desse movimento de procura por um denominador comum que ultrapassa os modelos ou paradigmas morais tradicionais, abrindo para um novo sedimentado uma perspectiva sistêmica ecumênica e universal, chamado de ética mundial ou universal.

Avistamos com frequência conflitualidades que geram uma exposição de agressividades vividas em todas as partes do mundo. Ataques fundamentalistas – de teor religioso[28] – são cada vez mais vistos por todos diante das novas facilidades de comunicação e acesso ao contraditório que se tornou um espetáculo constante. Diante desse aspecto particular da cultura e da religião percebe-se que só conseguiremos sobreviver se nele não mais existirem espaços para éticas diferentes, contraditórias ou até conflitantes, gerando maior violência e pouco diálogo.

As próprias impostações ético-cristãs tradicionais (PEINADO, 1996), fundamentadas numa rigorosa proposta judaico-cristã, nem sempre dão mais conta em responder, diante das novas demandas, a questionamentos e interpelações que brotam tanto da comunidade cristã como também dos dilemas sociais. Há a necessidade de retorno ao principal e assim captar o valor essencial para a boa convivência social.

Além dessas características de caráter mais particular não podemos deixar de mencionar que há positivamente um desejo de unificação do pensamento – a globalização – que, independentemente do juízo a ser feito, favorece a universalização dos valores fundamentais (eis a necessidade de uma ética universal) e que também são utilizados para a expansão de privilégios injustos e ofensivos à dignidade humana, criando ameaça de globalização de novas formas de dominação e discriminação.

Necessitamos, em última instância, de uma ética básica; isto é, de um conjunto referenciado de valores que salvaguardem uma tríplice função: a) esclarecer o que é a moral e os seus traços específicos; b) fundamentar a moralidade, ou seja, procurar averiguar

---

28. Mencionamos aqui o volumoso estudo sobre o tema de Karen Armstrong (*Em nome de Deus* – O fundamentalismo no judaísmo, no cristianismo e no islamismo. São Paulo: Companhia das Letras, 2009).

quais são as razões que conferem sentido ao esforço dos seres humanos de viver moralmente; c) aplicar nos diferentes âmbitos da vida social os resultados obtidos nas duas primeiras funções, de maneira que se adote nesses âmbitos sociais uma moral crítica, em vez de um código moral dogmaticamente imposto ou da ausência de referências morais (CORTINA, 2005, p. 20).

Desse modo, uma ética mundial deveria, inicialmente, superar a pretensão de se identificar com algum código moral determinado de qualquer sociedade que regule ou normatize as condutas ou os comportamentos para ser uma instância que aponte os valores a serem assumidos pelos sujeitos. Segundo Küng,

> [...] Certamente a sociedade mundial não necessita de uma religião unitária nem de uma ideologia única. Necessita, porém, de normas, valores, ideais e objetivos que interliguem todas as pessoas e que todas sejam válidas [...]. No futuro, a credibilidade de todas as religiões, também das pequenas, vai depender da medida em que acentuam mais aquilo que as une e menos aquilo que as divide (KÜNG, 1993, p. 8).

Essa perspectiva, propriamente künguiana, impõe-se pelo fato de que, enquanto teólogo, ter de dialogar no contexto público a partir da tradição religiosa cristã; não podemos deixar de valorar que é fundamental a todos os que possam exercer alguma influência tomarem consciência dos aspectos positivos da realidade do mundo contemporâneo, que se constituem a base para a renovação e o fortalecimento da esperança numa humanidade globalizada e regida pela ética.

Apesar de uma certa crise epocal, proveniente da inevitável liberdade das leis de mercado e de um relativismo ético, provocadora desse consenso ético internacional, vai crescendo no mundo todo a consciência da supremacia necessária dos valores éticos, constitutivos para a sobrevivência da espécie humana com os outros seres.

Para Boff, já desde o início do novo milênio três problemas suscitavam a urgência de uma ética mundial: a crise social, a crise do sistema de trabalho e a crise ecológica, todas de dimensões planetárias (BOFF, 2003, p. 11). Essas três crises, interdependentes entre si, na verdade são provenientes do projeto de tecnociência que apareceu como um poder valioso para submeter a natureza, não estando junto a ela. O saber científico, eivado por séculos de conquistas, foi usado como imposição de uma lógica que busca absorver ao máximo os bens em detrimento de um uso responsável e calcado em valores éticos assumidos por todos.

Essa perspectiva boffeana, em sinergia com a künguiana, aventa para uma necessária mudança planetária que deve ocorrer. A questão que se coloca, no que tange a uma ética mundial, é clara: se não for mudado o paradigma civilizatório e se reinventar as relações com a natureza, buscando maior colaboração entre os vários povos, culturas e religiões, dificilmente se conservará a sustentabilidade necessária para realizar o projeto humano, aberto para o futuro e para o infinito. O caminho possível para uma mudança passa preponderantemente por uma nova ética em relação com uma espiritualidade do cuidado (BOFF, 2013), dimensões intrínsecas do ser humano desde que habita a face da terra. Segundo Boff,

> [...] o mundo virtual criou um novo *habitat* para o ser humano, caracterizado pelo encapsulamento sobre si mesmo e pela falta do toque, do tato e do contato humano. Essa antirrealidade afeta a vida humana naquilo que ela possui de mais fundamental: o cuidado e a com-paixão. Mitos antigos e pensadores contemporâneos dos mais profundos nos ensinam que a essência humana não se encontra tanto na inteligência, na liberdade ou na criatividade, mas basicamente no cuidado. O cuidado é, na verdade, o suporte real da criatividade, da liberdade e da inteligência. No cuidado se encontra o *ethos* fundamental do humano. Quer dizer,

> no cuidado identificamos os princípios, os valores e as atitudes que fazem da vida um bem-viver e das ações um reto agir (BOFF, 2013, p. 11-12).

A reflexão sobre o sentido do *humanum* em meio a crescentes desumanismos é uma necessidade de uma ética social que vê a realidade em uma perspectiva que supere uma visão parcial da vida e se reduz a novas vozes integristas e integralistas de hoje. Embora a humanidade viva uma marcha acelerada de desdobramentos dos humanismos e encontro de culturas, estamos dentro desse processo; uma ambiguidade globalizada no que tange a um processo de mundialização de interesses e ambições econômicas.

Para Frei Carlos Josaphat (2010)[29], é chegada a hora de apostar nessa ética mundial. Nela há de se reconhecer a promessa radiosa de justiça e paz que vem despertando as consciências no seio das religiões e das culturas mais diversas. O futuro do mundo globalizado está em crer no amor, em sua força criadora, capaz de tornar sempre mais viável uma ética universal da responsabilidade e da solidariedade.

O frade dominicano, em sua volumosa obra, constata que a sabedoria religiosa e bíblica, presente na tradição religiosa, não é um entrave na busca de uma ética mundial, mas indica uma lenta e pedagógica preparação, com linguagem própria, de valores comuns que precisam ser assumidos pelos povos para bem conviverem (JOSAPHAT, 2010, p. 46-47). Há uma sinergia entre a complexa dimensão de imanência e de transcendência que fazem a mediação em busca de criativas respostas aos dramas complexos nos dias atuais.

---

29. Em sua volumosa reflexão de 631 páginas há uma visão de ética mundial que integra os vários saberes envolvidos na atual cultura pluralista na discussão das grandes questões humanistas.

A busca por fundamentar uma ética mundial na tradição cristã encontra o seu auge na própria proclamação teológica e antropológica presente no novo olhar sobre Deus na prática concreta de Jesus. A "religião" cristã encontra no Evangelho anunciado por Jesus Cristo o seu fundamento ético de abrangência mundial, que serve de inspiração para todos os cristãos. Jesus, então, inaugura,

> fundamentalmente, uma nova visão de Deus, do ser humano em sua condição e em sua vocação histórica e terrena; uma nova compreensão do outro e das relações com ele, fundadas e orientadas pelo amor; uma nova apreciação das coisas, dos bens materiais e de nossos talentos espirituais, tudo o que temos encarado como dons destinados à doação e ao serviço dos outros, da comunidade salvadora e da sociedade animada por valores humanos. Como referência normativa, sem dificuldade pode-se reconhecer que ela propõe um novo conceito de autoridade e de obediência; uma nova forma de considerar a lei, as normas sociais e éticas, de estimar e formar a consciência designada concretamente como o "coração", centro de nossa vida e de nossas relações com Deus. Como conteúdo ético pode-se destacar um novo olhar sobre o amor humano, a sexualidade, o casal, o matrimônio e a família; uma nova consideração da religião e uma nova atitude em relação ao culto pessoal e comunitário que havemos de render a Deus, sendo fiéis ao seu amor em nossa vida particular e em todas as atividades e relações sociais (JOSAPHAT, 2010, p. 75-76).

Constata-se que na busca por fundamentar uma ética mundial de inspiração cristã, para Frei Carlos é necessário não confundir a ética com uma lei ou código de mandamentos; para ele, a ética propriamente evangélica se traduz primeiramente como um amor esclarecido e criativo, buscando modelos de ação capazes de concretizar a fidelidade ao Espírito e a atenção às possibilidades e exigências do momento atual.

Ao longo da prática eclesial cristã essa criatividade reflexivo-social oscilou entre certo ajustamento ao *status quo* da sociedade e entre um pujante enfrentamento profético das realidades com os seus desafios (FUMAGALLI, 2010). Contudo, se em todas as épocas foi necessário refletir em torno de uma ética animada pelo amor do bem, do bem em si, do bem humano universal, não do bem utilitário, consistindo em vantagens, interesses ou prazeres, hoje, mais do que nunca, o humano está no centro, desejoso de ética dos valores e das virtudes para convencer as consciências.

Segundo Josaphat, para que uma ética universal de base cristã se afirme e seja assumida convém refletir e enfrentar dois tipos de adversários amplamente difundidos e apoiados nas tendências dominantes da sociedade, sobretudo ocidental, laicizada, apoiada nos valores da liberdade e da busca de autonomia na esfera da vida individual, familiar e social.

O primeiro adversário se caracteriza por um movimento difuso de relativismo, de pluralismo moral, fundado em uma atitude de individualismo. É uma espécie de vale-tudo no jogo da concorrência e do egocentrismo, de apelo à experiência de contentamento e quase de um endeusamento de si mesmo, de dar certo na vida e nos negócios. Assim, se justificam e se exaltam comportamentos de busca de felicidade no conforto e no prazer. O segundo adversário é a resposta unilateral, quase sempre ressentida, à atitude precedente, recorrendo à imposição de normas, mandamentos, interditos e mesmo de tabus, mediante o recurso à força física ou à pressão moral (JOSAPHAT, 2010, p. 121)[30].

---

30. Essa perspectiva de uma ética mundial de cunho evangélico já foi objeto da reflexão do mesmo autor, podendo ser verificado em OLIVEIRA, C.-J.P. "Une morale de liberté évangélique aux prises avec une église de pécheurs – La Loi nouvelle et sa praticabilité selon Saint Thomas d'Aquin (I-II, 106-108)". In: OLIVEIRA, C.-J.P. (ed.). *Novitas et veritas vitae: Aux sources du renouveau de la morale chrétienne* – Mélanges offerts au Professeur Servais Pinckaers à l'occasion de son 65º anniversaire. Friburgo/Paris: Universitaire/Du Cerf, 1991, p. 191-211.

Diante desse duplo desafio há uma grande urgência para a humanidade; impõe-se buscar um paradigma de ética mundial que seja integrador tanto das tradições religiosas como também da laicidade e o valor da ciência. Torna-se impreterível e insubstituível dialogar a partir de um denominador comum o desejo universal de salvaguardar a vida social com suas demandas. Em todos os campos das relações interpessoais – família, ecologia, economia, culturas etc. – há a necessidade de se pensar em valores éticos comuns.

A própria Igreja, mediante um estudo da Comissão Teológica Internacional[31], manifestou um juízo sobre uma ética universal. Nessa reflexão há uma preocupação em falar dos valores perenes do Evangelho no contexto da globalização e dos grandes problemas planetários como pano de fundo. Embora o texto manifeste uma certa desconfiança dos acordos globais e políticos em torno de questões humanitárias e jurídicas dentro do contexto laico, insiste-se no papel da tradicional lei natural (COMISSÃO TEOLÓGICA INTERNACIONAL, 2009, n. 6-11) enquanto linguagem de cunho sapiencial-filosófico que possa reordenar os possíveis equívocos subjetivistas e egoístas presentes nas formulações modernas.

Dentro desse aspecto típico do diálogo vemos como necessário compreender que, à luz do Vaticano II, mais do que repropor um modelo de moral social cristã convém inverter as expressões *visão* e *vivência cristã de moral* (QUEIRUGA, 2015, p. 101-107)[32].

---

31. Nesta nossa reflexão não faremos um estudo aprofundado sobre os dados recordados pela Comissão; contudo, no texto há uma explícita reflexão de afirmação da categoria de lei natural como estruturante de posicionamentos de ordem moral no contexto católico.

32. Na ótica de uma teologia da criação convém insistir no fato de que a criatura – pessoa humana – enquanto livre, a realização tem de ser buscada e escolhida, ocorrendo por meio da análise da inteligência e da sua própria vontade. Esse é um caminho que o próprio ser deve viver de forma dramática. Não pode ser ditado de forma heterônoma, mas reconhecido pelo próprio sujeito na inscrição do seu ser; é,

De qualquer modo, a impostação conciliar já nos indicou que os cristãos estão presentes e imersos no mundo, compartilhando as inquietudes, aspirações e realizações com todos os homens de boa vontade, indicando que no Evangelho há um caminho de realização profundamente pleno de sentido e de salvação.

Portanto, buscar um paradigma no qual se pode dialogar com os grandes temas que envolvem a vida social, a partir de valores éticos comuns, é um desafio inerente à consciência global atual e de modo particular à cristã e eclesial. Embora haja divergências de tendências e doutrinas sobre o objeto a que se referiu, insistimos na ideia de que o diálogo é o contexto propício para que as visões opostas sobre os dramas humanos sejam mais bem refletidas e problematizadas em vista da humanização.

3.2 A questão ecológica e a moral social: perspectivas e reflexões

No contexto dos desafios e possibilidades de diálogo com a moral social de inspiração cristã encontra-se a ecologia com suas várias perspectivas e clamores advindos da própria situação cultural em que se vive. A ecologia, a questão ambiental e toda a sua impostação no cenário mundial, inclusive com a impactante denúncia de uma economia desregrada, atualmente é objeto de estudo da moral social mais do que no passado. Propõe-se refletir sobre esse debate enfatizando os posicionamentos atuais da tradição cristã e de modo particular do pontificado do Papa Francisco, com suas impostações particulares.

---

portanto, uma descoberta a ser feita continuamente em respeito ao seu crescimento e amadurecimento. Desse modo, uma perspectiva moral em diálogo, no atual cenário ético mundial, não pode ser imposta ou recordada a partir das exigências externas ao sujeito, mas como uma contínua descoberta que o próprio deve realizar. Será que a nossa linguagem e acompanhamento das pessoas não se reduzem ao primeiro aspecto, reduzindo o segundo? Será que enfatizar a ideia de lei natural não é uma forma de predispor a real condição existencial da pessoa em sua concretude?

Até há pouco tempo o tema da ecologia e do meio ambiente era praticamente ausente nos manuais de teologia moral social. Com o giro copernicano impresso pelo Papa Francisco (SORGE, 2017, p. 439-452), principalmente com a publicação da Encíclica *Laudato Si'*, deixou de ser um tema de orientação à doutrina já existente e passou a ocupar um verdadeiro campo de diálogo entre o cristianismo e o mundo laico frente à crise ecológica que tanto se agrava e preocupa a humanidade.

Sabe-se que uma reflexão e debate sistemático sobre o tema da ecologia e meio ambiente não é uma herança direta da tradição cristã católica. Com a ampliação e universalização de uma ética da vida que engloba a qualidade da relação do ser humano com os outros seres ao seu redor necessita-se de uma real busca de coexistência entre todos os viventes e o ambiente vital. Eis a necessidade que os teólogos têm hoje de assumir nas suas buscas pelo esclarecimento da fé, envolver-se no debate social da ecologia e do meio ambiente.

O termo "ecologia" foi introduzido em 1866 pelo biólogo alemão Haeckel (LEONE, 2001, p. 351). Foi a partir dessa data que nasceu paulatinamente uma consciência das responsabilidades humanas em relação ao ambiente e aos possíveis danos que a razão ocidental poderia gerar na boa convivência entre os seres. A atualidade do tema é evidente se considerarmos a maneira como se tornam familiares a todos os problemas da poluição atmosférica, do efeito estufa, do buraco na camada de ozônio, das chuvas ácidas, dos herbicidas, dos resíduos radioativos e de como tudo isso influencia profundamente na qualidade de vida.

Antes de possuir um caráter científico *stricto sensu*, a ideia de equilíbrio da natureza teve uma base teológica. A crença na perfeição do desígnio divino precedeu e sustentou o conceito de cadeia ecológica, o qual teve inicialmente forte conotação conservacionista. No século XVIII a maior parte dos cientistas e teólogos defendia que todas as espécies da criação tinham um papel necessário a desempenhar na economia da natureza (THOMAS, 1989). A visão mítica de natureza não abandonou totalmente as representações sociais e ainda hoje é adotada por alguns grupos do movimento ambientalista.

O biólogo Ludwig von Bertalanffy propôs nos anos de 1940 a construção de uma espécie de "metadisciplina": a Teoria Geral dos Sistemas. Segundo o autor, "somos forçados a tratar com complexos, com 'totalidades' ou 'sistemas' em todos os campos do conhecimento. Isso implica uma fundamental reorientação do pensamento científico" (BERTALANFFY, 1977, p. 19-20). Assim, a visão sistêmica influenciou o surgimento de novas áreas do conhecimento; dentre elas, a ciência ecológica.

Esta ciência em gestação buscou inicialmente compreender os excessos técnicos do ser humano nos sistemas vivos que se interdependem. Com base nos novos modelos científicos tem-se uma visão integrada dos diversos ecossistemas terrestres e a questão ambiental passa a ser tratada em nível global. Por questão ambiental pode-se entender a contradição fundamental que se estabeleceu entre os modelos de desenvolvimento adotados pelo homem, marcadamente a partir do século XVIII, e a sustentação desse desenvolvimento pela natureza (SILVA & SCHRAMM, 2020).

A partir da Revolução Industrial a velocidade de produção de rejeitos da sociedade, o avanço do mundo urbanizado e a força poluidora das atividades bélicas e industriais superaram em muito a capacidade regenerativa dos ecossistemas e a reciclagem dos recursos naturais renováveis, colocando em níveis de exaustão os demais recursos naturais não renováveis (TOYNBEE, 1982).

Se de um lado temos o progresso técnico-científico que faz imergir questões éticas no tocante ao modo como o ser humano se relaciona com os outros sistemas de seres que convivem no seu mundo, por outro há também interesses econômicos da ciência – grupos econômicos – que, ao dominarem o acesso de conhecimento técnico, o usufruem de modo privativo com o objetivo de lucrar com as descobertas ainda a serem realizadas.

Em outras palavras, a crise ecológica deve ser compreendida como crise civilizatória e o paradigma ecológico deve nos permitir contemplar os problemas de degradação do meio natural como não separados daqueles que surgem na organização social e nas inter-relações humanas. Essa forma de impostar o problema levou a falar em "ecologia social" ou "ecologia humana" (SOSA, 1999, p. 786) para tentar explicar a relação entre homem-meio, mas compreendendo que o ambiente natural, os objetos/artefatos da civilização e o conjunto multiforme de fenômenos da sociedade constituem, todos eles, o meio para os indivíduos, grupos e as instituições sobreviverem.

Do ponto de vista teológico há uma grande preocupação com o tema da ecologia em nível global[33], suscitado, de modo mais particular, pelo magistério do Papa Francisco, principalmente com a Carta Encíclica *Laudato Si'* e na exortação apostólica pós-sinodal *Querida Amazônia*. Do ponto de vista moral sabe-se que os interesses humanos imediatos prevalecem para o uso dos bens presentes no ambiente. O forte antropocentrismo que tem servido de alicerce para a construção de nossa moral agora está se mostrando como causador de problemas qualitativamente novos, nos quais ventila a própria sobrevivência da espécie humana no tempo e no espaço planetários e, vinculado a isso, o problema de nossa própria sobrevivência ética.

---

33. Basta conferir a Revista *Concilium*, nov./2018, n. 378: "Ecologia e teologia da natureza". Em todos os 14 artigos, divididos em 4 eixos temáticos, percebe-se uma necessidade mundial de aproximar os grandes temas teológicos às questões particulares e concretas.

Tanto o antropocentrismo como o biocentrismo, vistos de modo unilateral, são prejudiciais, pois contêm o mesmo problema de fundo, que é uma crise ecológica. Nesse sentido Boff diz que

> [...] é uma crise ecológica – não uma crise ambiental. Na verdade, parte do problema é que entendemos o meio ambiente – ou até a natureza – separado de nós mesmos quando de fato o mundo que nos cerca, que está ao redor de nós, está também dentro de nós. Somos feitos dele; nós o comemos, o bebemos e o respiramos; ele é osso dos nossos ossos e carne de nossa carne. Como nos lembra o Papa Francisco, nós não somos proprietários e dominadores da Terra, autorizados a saqueá-la; de preferência, fomos formados dos elementos da Terra. Precisamos aprender a experimentar essa realidade e a viver uma genuína eco-logia: o *logos* (ou sabedoria) do nosso *oikos* – nossa casa comum, a Terra (BOFF, 2018, p. 46).

Essa perspectiva é uma denúncia explícita de que se necessita mudar o modo de se relacionar com o cosmo, a Terra e os bens advindos dela. Essa crise ecológica existente a um bom tempo é o reflexo de uma crise ética, das relações dos humanos entre si que se expande para os demais seres. Há, portanto, uma compreensão cada vez mais complexa de natureza em processo e que exige uma mudança de paradigma.

Desse modo, a Terra, com todos os seus seres, é abraçada como lugar teológico à luz da narrativa bíblica da criação, com tematizações que, proclamadas como ensino eclesial, cruzam-se com outras áreas da teologia sistemática e moral social cristã (MOLTMANN, 1993). Na verdade, isso também é fruto de uma constante busca do significado mais amplo e complexo do que é a vida, em detrimento de uma busca frenética do lucro que sacia o consumismo, gerando um colapso na sustentabilidade dos bens para todos.

Do magistério do Papa João XXIII até Francisco encontram-se basilares referências (MAÇANEIRO, 2016, p. 230-283) que exprimem uma mudança de paradigma nas últimas décadas e revelam, no fundo, uma reorientação na leitura da criação como *locus* privilegiado da revelação de Deus na história por meio de Jesus Cristo. Se o cristianismo, desde as origens, foi considerado um "lar" acolhedor dos anseios e inquietações da humanidade, o tema ecologia também é acolhido no horizonte da reflexão teológica.

No que se refere ao magistério do Papa Francisco, e em especial na *Laudato Si'*, encontramos uma moral social arraigada em uma visão abrangente e inclusiva de ecologia, que tem sua base em uma teologia da criação. Para ele, dizer "criação" é mais do que dizer "natureza" porque tem a ver com um projeto do amor de Deus, no qual cada criatura tem um valor e um significado (PAPA FRANCISCO, 2015, n. 76).

Nessa encíclica, que se insere no magistério social da Igreja (PAPA FRANCISCO, 2015, n. 15), faz-se um apelo a toda a família humana para que proteja a casa comum na busca de um desenvolvimento sustentável e integral (n. 13), mediante um renovado diálogo sobre a maneira como estamos construindo o futuro do planeta (n. 14). Para Francisco faz-se necessário uma nova solidariedade universal (n. 14); isto é, um novo paradigma que supere o do antropocentrismo e o do biocentrismo.

Em suma, a encíclica, ao se inserir no contexto da grande questão de moral social e ecológica, pede a todos uma tomada de consciência sobre a crise climática, energética, sanitária e alimentar das últimas décadas. Francisco diz que "não podemos deixar de reconhecer que uma verdadeira abordagem ecológica sempre se torna uma abordagem social que deve integrar a justiça nos debates sobre o meio ambiente, para ouvir tanto o clamor da terra como o clamor dos pobres" (PAPA FRANCISCO, 2015, n. 49).

No contexto do Sínodo sobre a Amazônia e da exortação apostólica pós-sinodal *Querida Amazônia* há uma grande preocupação pela questão social que perpassa o tema da ecologia e do meio ambiente. Nos quatro sonhos para a Região Pan-amazônica – social, cultural, ecológico e eclesial – o papa, após ouvir com interesse as intervenções e contribuições dos círculos menores (PAPA FRANCISCO, 2020, n. 2) durante o Sínodo, destacou que a Amazônia é um todo plurinacional, interligado, um grande bioma (n. 5), sendo que nesse, a Igreja, esposa de Cristo, deve adquirir o seu rosto, encarnando a pregação e a espiritualidade (n. 6).

A inspiração social de orientação cristã se exprime bem, ainda que de maneira sintética, nos quatro sonhos de Francisco:

> Sonho com uma Amazônia que lute pelos direitos dos mais pobres, dos povos nativos, dos últimos, de modo que a sua voz seja ouvida e sua dignidade promovida. Sonho com uma Amazônia que preserve a riqueza cultural que a caracteriza e na qual brilha de maneira tão variada a beleza humana. Sonho com uma Amazônia que guarde zelosamente a sedutora beleza natural que a adorna, a vida transbordante que enche os seus rios e as suas florestas. Sonho com comunidades cristãs capazes de se devotar e encarnar de tal modo na Amazônia, que deem à Igreja rostos novos com traços amazônicos (PAPA FRANCISCO, 2020, n. 7).

Assim, percebe-se que a questão ecológica e social se tornou um imperativo dos nossos tempos. Os sinais dos tempos, como indica o Vaticano II, requer uma séria escuta e acolhida dos clamores humanos nessa mudança de paradigma civilizacional. Acreditamos que o tema da ecologia, em total relação com o de uma ética mundial e inter-religiosa, impõe-se como urgente para os teólogos desta nova geração, necessitando um diálogo com os valores mais essenciais do cristianismo. Não basta apenas ter uma postura de medo diante dos novos desafios; antes, precisamos de coragem e capacidade de diálogo para, juntos, lançarmos um olhar de esperança sobre a humanidade em busca de respostas mais coerentes.

A teologia oferece à ética e aos eventos humanos (à moral social) um imenso horizonte de salvação e realização. Esse itinerário percorre a consciência e a liberdade dos sujeitos. O tema da ecologia se coloca nessa alargada perspectiva de amadurecimento que a humanidade é chamada a seguir, no contexto do reconhecimento da dignidade da pessoa humana e de toda a beleza da criação.

3.3 A bioética e a preocupação social: um olhar panorâmico

A bioética, assim como a ética mundial e a questão ecológica, também sofre as influências e condicionamentos do seu tempo e passa a se tornar objeto de estudo e preocupação de uma moral social de inspiração cristã. Assim como a busca por uma ética mundial, tanto no que tange a uma linguagem laicizada como religiosa e uma visão ecológica em nível planetário, exige uma compreensão mais sistêmica, também a bioética surge em um contexto decidida e socialmente civil e laico, pois toca as grandes questões em torno da sobrevivência humana.

Tratar da bioética é refletir sobre o entrelaçamento dos avanços científicos de um lado, com suas prometeicas soluções, e, por outro, ter que aceitar a condição humana em sua dimensão de incerteza e fragilidade. A bioética, nascida em um contexto distante de certezas ou respostas fáceis, buscou dar conta da realidade de vulnerabilidade, tanto da pessoa em sua condição concreta como também da ciência, em constante busca por resoluções. Situada nas relações sociais entre as pessoas que formulam valores e sofrem com suas decisões, a bioética foi ganhando espaço e gerando debates, aproximações e distanciamentos das antigas referências de verdade.

O termo "bioética", como se sabe, é um neologismo introduzido na língua inglesa por Potter em 1970. Como formulação terminológica, nasceu em 1971, quando ele publicou o volume *Bioethics: Bridge to the future*. Contudo, já em 1969, num contexto cultural e ideológico de tipo laico – portanto, fora de qualquer ligação com contextos religiosos de caráter religioso – nasceu em Nova York o primeiro centro, o The Hastings Center (LEONE, 2001, p. 87).

A partir dos anos de 1970 assistiu-se ao nascimento constante de centros e de institutos de investigação que se propuseram incentivar e cultivar cada vez mais a reflexão no campo bioético. Em 1971 surgiu no Kennedy Institute of Ethics, da Georgetown University of Washington, universidade fundada pelos jesuítas no século XVIII, o Center of Bioethics que, em 1978, publicou a *Encyclopedia of Bioethics* e, quase ao mesmo tempo, preparou a publicação, de notável interesse científico, da *Bibliography of Bioethics*, na qual se analisaram as publicações anuais relativas à área científica da bioética.

Segundo Gracia, a expressão "bioética" gerou inicialmente uma certa incompreensão e desgaste, o que já exprimia uma certa conflitualidade na busca por um sábio agir a partir de paradigmas distintos. Para ele,

> boa parte da ambiguidade do termo "bioética" deve-se à própria falta de precisão das palavras que o compõem. O termo "vida" é tão abrangente que pode ser interpretado de modos muito diversos, tanto deontológicos ("santidade da vida") como teleológicos ("qualidade de vida"). Daí terem ocorrido também essas diversas versões da bioética. As éticas de raiz teológica – judaica, cristã e muçulmana – acreditaram ver na nova palavra a expressão do seu critério de santidade de vida. E as éticas seculares, sobretudo as utilitaristas, a tomaram como sinônimo de qualidade de vida (GRACIA, 1999, p. 385).

Do ponto de vista da moral social é justo afirmarmos que a bioética e as grandes questões tratadas por esse saber contemporâneo ajustam-se bem em uma reflexão como esta, pois os principais motivos que explicam o seu nascimento e desdobramento no decurso das últimas décadas fazem parte de uma perspectiva propriamente social.

Um primeiro motivo consiste nos avanços surgidos no terreno da biologia molecular e da ecologia humana, provenientes da crescente preocupação pelo futuro da vida em nosso planeta. Outro motivo dá-se pela profunda mudança efetuada no âmbito da medicina nas últimas décadas[34]. Diante das dimensões tão alargadas da reflexão bioética inicial, dois tipos de problema, distintos e conexos, deveriam ser encarados: 1) ela surge com o difícil projeto de responder a uma infinidade de casos de consciência, e, sob alguns aspectos, absolutamente inéditos; 2) ela estabelece uma compreensão ética fundamental e sua aplicação a essa região de experiências e dramas humanos, suscitados pelos avanços dos estudos e técnicas, vão desvendando e modificando os processos e mecanismos íntimos da vida humana (JOSAPHAT, 2010, p. 394).

Se a bioética anunciou um novo paradigma de ética, impelindo a humanidade a buscar respostas abrangentes e alargadas, além dos modelos tradicionais, ao mesmo tempo em que resolve dilemas particulares, ela surge com toda força, indicando à civilização que necessitamos, juntos, buscar saídas para a questão do humano e sua sobrevivência no espaço e no tempo.

Suas principais características são: ser uma discussão civil, pluralista, autônoma, racional e não convencional (BYK, 2015, p. 20), com o objetivo de assumir a complexidade das realidades concretas na busca pela elaboração de juízos sobre as situações e os

---

34. Para um estudo mais aprofundado sobre esses dois motivos recomenda-se CASA-VOLA, F.P. *Bioetica* – Una rivoluzione postmoderna. Roma: Salerno, 2013. Há, na verdade, outros motivos históricos e sociológicos ligados ao avanço técnico da civilização no que tange às guerras, afirmação de direitos individuais etc. que conduzem a uma leitura mais abrangente da origem da bioética.

casos. É verdade que consciências ingênuas, acostumadas com respostas simples, vivem uma condição de perplexidade. Até há pouco tempo as éticas tradicionais, de caráter confessional e religioso, viam-se na necessidade de rever as respectivas argumentações no contexto da discussão pública e laicizada. As próprias religiões, formadoras privilegiadas do valor moral a serem assumidos na consciência, sentem a necessidade de também debater a verdade latente em suas narrativas (HERVIEU-LÉGER, 2003, p. 12).

Mesmo que a bioética, em seu labor inicial, não tenha se valido da verdade religiosa, sabe-se que ela se caracterizou com uma proximidade com o mundo da biomedicina. Inicialmente a bioética esteve em um horizonte de reflexão sobre os limites de aplicação de determinadas leis – códigos deontológicos dos profissionais da saúde – na sua relação com o cliente, o público e a corporação em si (DURAND, 2003, p. 86). Surgiu com o escopo de normatizar os imperativos éticos na relação interpessoal do profissional de saúde com o seu paciente.

Há pouco tempo os teólogos começaram a se envolver com as delicadas e complexas questões de bioética, não tanto no que tange aos princípios gerais, mas principalmente nos casos que envolvem grande conhecimento científico (MOSER & SOARES, 2006, p. 35); enquanto a maioria dos teólogos católicos discutia eutanásia e aborto como atos que se opunham ao valor fundamental da vida, num viés mais principialista, no campo mais científico lentamente era constituído um saber baseado no modelo de ciência aplicada e pragmática.

A bioética, enquanto fenômeno social, ao lidar com o tema do corpo no debate público descentra, de certo modo, um certo poder, proveniente tanto da religião como da corporação dos médicos e do Estado (FOUCAULT, 2004, p. 145-152). Se antes ao menos essas três instâncias possuíam discursos uniformes em torno da verdade, o sujeito moderno, a partir da ciência, iniciou um caminho distinto de se pautar pela verificação e comprovação dessa verdade.

Assim, ao teólogo envolvido nas discussões e questões públicas de bioética aparece a possibilidade de se posicionar à luz da inspiração cristã, mas a partir da sua própria identidade. O papel dele não é o de determinar se esta ou aquela decisão clínica foi adequada e oportuna, ou avaliar o valor científico de uma experimentação. Sua tarefa é outra: questionar os limites morais da investigação em seres humanos; se esta atenta ou não à identidade e integridade da pessoa no contexto clínico e experimental (MOSER & SOARES, 2006, p. 36). No contexto pluralista, de horizonte bioético, é verdade que a voz da religião não é mais a única a definir os limites de decisão das consciências; contudo, não se pode esquecer o fato de que na construção da identidade histórica ocidental a religião foi fundamental para a transmissão de princípios humanistas vinculados à herança judaico-cristã (BYK, 2015, p. 70).

Sendo assim, acreditamos que a missão de uma moral social de inspiração cristã não é mais, como no passado, a de relembrar os valores de matriz religiosa para que toda a sociedade siga; essa perspectiva seria uma tragédia no debate pluralista hodierno. Compete ao cristão – e ao teólogo, de modo particular – compreender em profundidade a diversidade de destinatários e a multiplicidade epistemológica das narrativas e discursos que se fazem presentes no cenário público.

Diante dessa nova forma de discursividade no plano mais abrangente, convém compreender que não é mais uma razão monológica que define a verdade do debate, mas, sim, uma razão dialógica (JUNGES, 2001, p. 41), tal como se configurou no contexto nos inícios da civilização grega. Isso não significa que a verdade não exista mais; ao contrário, ela é uma eterna busca que o ser humano é chamado a realizar.

A questão bioética, enquanto debate público em âmbito social, suscita a superarmos uma certa visão fideísta, fundamentalista e doutrinadora no debate para além da esfera religiosa, forçando a consciência eclesial a expandir suas argumentações em um *locus* do diálogo. Tanto as convicções racionais como as religiosas encontram na dignidade da pessoa humana um contexto dialético de possível consenso. A bioética, no debate público, desafia os cristãos e os teólogos a abandonarem uma certa tendência abstrata, revestida de certa normatividade, a se encontrarem no debate de uma moral "situacionada" (MARITAIN, 1982, p. 262-266) dentro de uma ética histórica, cuja densidade significativa deve ser entendida no sentido do projeto salvífico da Revelação.

PARTE II

FUNDAMENTOS E FONTES TEOLÓGICAS DA MORAL SOCIAL

Nesta segunda parte da nossa reflexão sobre os fundamentos e fontes da moral social queremos abordar o núcleo da mensagem cristã aprofundado e desenvolvido ao longo da tradição eclesial. A reflexão que a tradição cristã realizou ao longo do tempo, no que tange à moral social, sempre foi uma tentativa criativa e inovadora de se adequar à perene mensagem evangélica diante das novas realidades e tensões sociais, fruto da inculturação da fé. E aqui se propõe a apresentar algumas perspectivas importantes para termos uma visão de conjunto.

O cristianismo libertou a humanidade de todas as crenças, de todas as injunções, de todas as superstições que, de uma forma ou de outra, submetiam o homem às forças cósmicas. Baniu os deuses nos quais essas forças se personificavam no paganismo e restituiu à natureza a inteligência e a liberdade do homem. Na religião cristã há uma só fé, uma só lei, um só sacramento; o homem em sua dimensão total: Jesus Cristo. Na vida cotidiana, o cristianismo não propõe a seus discípulos nada mais do que serem apenas humanos em sua plenitude corporal, psicoafetiva, cultural, moral e religiosa. Dirige-se a todos, sem distinção de raça, cultura, língua, nação, sexo ou idade. A mensagem evangélica continua sendo católica – isto é, universal – e exige capacidade de diálogo e rigor reflexivo diante da cultura atual, com suas inúmeras possibilidades.

Para fundamentar atualmente a moral social cristã é conveniente partir da herança transmitida pela reflexão teológico-moral de épocas anteriores. Desse modo, as apresentações presentes adquirem seu autêntico relevo quando situadas no dinamismo histórico com suas inflexões e interpretações próprias. Sem essa aproximação histórica podemos nos envolver em uma trama geradora de fundamentalismos e reducionismos incoerentes com a mensagem salvífica presente na fé cristã.

Aqui nos propomos recordar, afirmar e expor de forma sistemática os fundamentos e as fontes da moral social, de modo a fazer vir à tona o que foi essencial em seus inícios e com os devidos desdobramentos históricos; frutos de condicionamentos e relatividades, próprios da cultura humana que se abre à mensagem evangélica. E isso o faremos em quatro capítulos.

No *primeiro capítulo*, os fundamentos e as fontes bíblicas. Nele apresentaremos a base bíblica e a revelação sobre o sentido da moral social, com textos, perícopes e categorias teológico-morais fundamentais no todo da Sagrada Escritura e que exprimem a relação ser humano e Deus, que marcarão os delineamentos teológicos posteriores.

No *segundo capítulo* refletiremos sobre os principais fundamentos das fontes patrísticas e medievais no que tange à moral social. Destacaremos que as primeiras comunidades cristãs, junto com alguns dos seus pastores e teólogos, tinham certa preocupação com as questões sociais e propuseram caminhos viáveis muito necessários ainda hoje. A mesma realidade pode ser encontrada nos teólogos da alta Idade Média, que começaram a elaborar as primeiras sínteses teológico-morais sobre a caridade, a justiça e outras questões sociais.

No *terceiro capítulo* nos propomos delinear as principais fontes do ensinamento magisterial, indo de Leão XIII ao Papa Francisco, passando obrigatoriamente pelas indicações presentes do Concílio Ecumênico Vaticano II (*Gaudium et Spes*). Mais do que aprofundar de forma detalhada cada posicionamento, pretendemos apresentar as ideias gerais dos principais documentos pontifícios de moral social, situando-os nos respectivos contextos históricos. Perceberemos que hoje eles ainda continuam ensinando muito, mesmo sendo textos que tinham o escopo de responder aos problemas concretos e reais de seu respectivo momento.

No *quarto capítulo* apresentaremos o magistério dos bispos em relação à realidade brasileira, emitidos pela CNBB e através de outras referências. Esses textos, ainda desconhecidos em grande parte, são a tentativa de aplicação das intuições do magistério pontifício no que tange à moral social no contexto propriamente brasileiro. Essa perspectiva peculiar do episcopado brasileiro deu-se de forma mais explícita após o Vaticano II.

1
Perspectivas e fontes bíblicas

A história da moral social cristã inicia-se com as perspectivas que a Sagrada Escritura apresenta sobre as realidades sociais, seguindo a "bússola" de indicação do Concílio Vaticano II, do qual o estudo da Sagrada Escritura deve ser "como a alma" da Teologia (*Dei Verbum*, n. 24). No que tange à moral, esta necessitaria ser nutrida com maior intensidade pela doutrina da Sagrada Escritura, com uma maior explicitação científica, centrada no mistério de Cristo, sendo chamada a produzir frutos de caridade no mundo (*Optatam Totius*, n. 16).

As Sagradas Escrituras, longe de darem respostas aos dramas ou dilemas delicados provenientes da complexidade do *ethos* social hodierno, possuem perspectivas ou eixos gerais capazes de suscitar a consciência da Igreja para questões relacionadas ao desejo divino presente em ações, comportamentos e atitudes do ser humano religioso. Vemos que compete ao magistério se posicionar sobre novas e atuais questões relacionadas ao bem-viver; porém, na Escritura poderemos sempre buscar uma fonte de inspiração confiável para a boa formação das pessoas.

Em geral, a referência que a moral ou a ética faz hoje da Sagrada Escritura não é simples como no passado. A moral católica, do ponto de vista metodológico, até certo tempo atrás assumia os textos sagrados a partir de citações, com o intuito de extrair deles o sentido de forma dedutiva. Desse modo, era habitual que as normas, concretas para orientar a vida das pessoas, viessem diretamente do texto e de sua respectiva mensagem, abstraindo-se a estrutura literária e a dimensão sócio-histórica (PONTIFÍCIA COMISSÃO BÍBLICA, 2016).

A exegese e a crítica contemporânea refutam esse tipo de recurso. Não basta mais apenas ler a Escritura; torna-se imprescindível interpretá-la com o objetivo de distinguir o dado revelado dos influxos culturais que mudam com o ritmo da história (GORGULHO, 1990, p. 173). Assim, deve-se reconhecer que na Bíblia encontram-se múltiplas afirmações no campo social e também normas concretas, mas que precisam de uma atenta valoração, com o intuito de distinguir o caráter histórico ocasional no horizonte da temporalidade e valores próprios do contexto em questão. Cabe, portanto, à comunidade cristã – com a assistência do Espírito Santo, o discernimento do magistério e o precioso auxílio dos teólogos – historicizar e atualizar (inculturar) as exigências evangélicas, distinguindo o que é linguagem própria do tempo daquilo que é valor ético assumido em contexto mais profundo. Esse é um trabalho ardoroso que não pode ser reduzido a simplificações de ordem genérica, até porque toda pessoa, comunidade ou grupo social interpreta textos, circunstâncias e realidades a partir de seus próprios valores.

Ao esclarecer a importância do sentido da leitura e da interpretação da Escritura Sagrada – para superar um tipo de abordagem fundamentalista ainda em voga –, não há dúvida de que eles oferecem aos cristãos uma visão religiosa da existência (CALLEJA, 2006, p. 16), com indubitável projeção ética sobre as pessoas, a história e a sociedade. Pode-se dizer que, num olhar panorâmico sobre a Escritura, nelas se encontram expressões ou ideias profundamente marcantes e plenas de significado para o povo que acolheu a mensagem salvífica de Deus na concretude histórica. Essa perspectiva junta-se à constatação de que no plano bíblico e no horizonte da salvação, em sua linguagem religiosa, há uma ordem geral que se exprime a partir de duas perspectivas: a *santidade de Deus* e a *dignidade do homem* (SPIAZZI, 1992, p. 11).

Em torno delas é que se estrutura a vida social e a experiência de fé como escuta da vontade de Deus. No contexto veterotestamentário as palavras *justiça* e *aliança* são centrais, enquanto que no horizonte neotestamentário a expressão *reino* ocupa uma importância fundamental no agir de Jesus. À luz daquelas duas palavras encontramos como que as perspectivas globais que orientaram o *ethos* social em sua dimensão religiosa profética e no comprometimento com a memória dinâmica, posteriormente assumida por Jesus e pela comunidade cristã.

1.1 A *justiça* e a *aliança* no primeiro testamento: fontes da moral social cristã

Em tempos como os nossos, nos quais os fundamentos são colocados à prova pela cultura do imediatismo e da provisoriedade dos sentidos, nada mais justo e realístico que também retornemos ao que se pode considerar como o essencial dos discursos, do agir e da própria busca de realização. Os cristãos leem as Escrituras buscando nelas uma inspiração para sua consciência e decisões a serem tomadas diante das constantes mudanças que o *ethos* vigente impõe. Então, remontar às palavras e ao seu significado é uma garantia de rememorar o sentido que a humanidade vem assumindo para deixar sua marca e seus valores.

A ideia de justiça[35] é um conceito denso e rico imposto originária e universalmente à consciência como critério de sobrevivên-

---

35. Em outro capítulo, logo no início desta obra, nos referimos à justiça em seu sentido mais antropológico e ético. Aqui faremos uma busca pelo seu significado no horizonte da compreensão religiosa e bíblica.

cia valorativa e normativa. A noção bíblica de justiça é complexa. Ela se desenvolve dialeticamente segundo uma polaridade que é ao mesmo tempo "teológica" e "ético-social", dentro do contexto da aliança com que Javé une Israel consigo – e o Pai em Cristo por meio do Espírito – chamando à salvação todos os homens.

Uma atitude de justiça como dimensão ética da vida social cristã deve ficar matizada e configurada por todos os aspectos que a noção bíblica de justiça apresenta. Na Sagrada Escritura, então, é possível falar em três dimensões da justiça: a) dimensão religioso-teocêntrica; b) dimensão interpessoal-comunitária; c) dimensão jurídico-legal (VIDAL, 1999, p. 21-22).

Em hebraico, *mishpat* pode ser traduzido por justiça, assumindo vários sentidos ao longo do primeiro testamento. Ora designa uma das prescrições legais do Pentateuco, ora um costume ou uma prática comum, sem ter, neste caso, uma conotação moral positiva. Também pode designar a ordem justa da sociedade, que nem sempre é seguida na realidade, mas que é uma obrigação moral (PORTER, 2004, p. 968). Tomado nesse sentido, frequentemente ele é acompanhado de *çedâqâh* (equidade), e os dois juntos caracterizam Deus (Am 5,24). Para o Pentateuco e os escritos proféticos, a justiça obriga à particular preocupação com os pequenos, as viúvas, os órfãos, os estrangeiros, os trabalhadores, os pobres (Am 5,7-13; 8,4-8; Mq 6,9-14).

Tanto *mishpat* como *çedeq* (direito) indicam justiça. A sua raiz é *shapat*, que pode ser traduzida com o verbo julgar, mas não como simplesmente pronunciar uma sentença, porque a palavra hebraica compreende todas as ações que acompanham ou seguem o processo de duas partes opostas que se apresentam diante da autoridade competente para reivindicar os seus direitos (SELLA, 2003, p. 70). De modo geral, todos os comentadores concordam que os dois termos representam o mais importante conceito ético relacionado à vida social e jurídica do povo de Deus.

No Novo Testamento a justiça também aparece com frequência na obra e na missão de Jesus, pois Ele é a própria encarnação da justiça divina. Desse modo, a justiça divina serve para julgar todas as concepções humanas. Nos evangelhos sinóticos esse ideal está na base da reavaliação radical das relações humanas, que se encontram no Sermão da Montanha (Mt 5,1-6.29; Lc 6,14-29). De acordo com Paulo, o homem não pode atingir a justiça por seus próprios esforços, mesmo pela obediência à Lei (Rm 2,12-29). A justificação (*dikaiosynè*) – encontrar graça diante de Deus – só é possível mediante a fé em Cristo (Rm 5,1-11).

Se justiça é um termo-chave que designa a relação entre Deus e a pessoa ou o povo ligado a Ele, mediante a assunção na consciência da sua vontade, essa ideia também pode ser bem compreendida em outro termo-chave na tradição veterotestamentária: a Aliança, designada no hebraico por *berît*. Este é considerado central, pois exprime por analogia as relações privilegiadas que os homens estabelecem entre si por contrato.

O sentido primitivo de *berît* – aliança – era o de "laço" ou de "obrigação". Indicava com frequência um ato jurídico ou um contrato, ao mesmo tempo que as obrigações ou compromissos deles decorrentes. Análogo a esse sentido, também havia o de "juramento"; isto é, um contrato de aliança sendo ritualmente selado sob juramento – a divindade era a garantia da operação. Nessas ocasiões se estabeleciam documentos e se efetuavam atos simbólicos: as partes contratantes se ofereciam presentes, trocavam suas vestes ou suas armas, apertavam as mãos, comiam juntas ou invocavam sobre si mesmas a maldição, caso em que rompessem o tratado (LOHFINK, 2004, p. 87). A relação humana pela *berît* era, antes de tudo, um elo de fidelidade e de paz, sentido como um laço de parentesco.

De um lado há a *justiça de Deus* e de outro a *justiça do homem*. A *justiça de Deus* é o que equivale à sua realidade criacional, enquanto aquele respeita a aliança (Gn 18,25; Dt 32,4). Ele pune os que transgridem as leis e normas oriundas da sua vontade pela aliança (Dt 33,21; Am 5,20; Is 5,16; 10,22; 28,17; Sl 50,6; Dn 9,6; Br 1,15; 2,6). Precisamente porque Javé é muito mais o defensor de Israel do que o juiz vingador, deu-se lentamente um sentido de "garantia do direito" (Jz 5,11; 1Sm 12,6; Mq 6,5; Os 2,21; Is 41,2). Aos poucos o significado de justiça foi se amplificando, chegando a se identificar com a atuação salvífica de Deus (Sl 36,6; 22,31; 71,15; 145,17; Tb 13,7; Is 46,12; 56,1; 61,10) (cf. BORN, 2004, p. 859).

A justiça do homem indica toda a perfeição moral e religiosa, já a justiça de Deus suscita no homem a justiça como exigência e fidelidade; é como o ajustar-se da liberdade ao ritmo da ação justificante da graça. Davi é justo porque poupa Saul (1Sm 24,18); justo é quem corresponde às normas divinas, sendo reto e irrepreensível (Gn 18,23; 2Sm 4,11; 1Rs 8,32; Jó 12,4; 17,9). Ser justo é, antes de mais nada, agir de acordo com a vontade de Deus (Gn 6,9; 7,1; Ez 14,20; 18,5). Essa perspectiva de justiça também pertence à esfera jurídica: justo é quem Deus declara inocente contra as injustas acusações dos adversários (Sl 24,3-5; 26,1; 35,23s. etc.) (cf. BORN, 2004, p. 860).

Na economia da história da salvação, a reintegração econômico-sociopolítica da justiça divina adquire significado que antecipa e prediz a reintegração integral de todo homem como libertação messiânica do mal que o oprime. Eis por que possui um significado religioso, social e jurídico. Estas três realidades indicam o já do que se vive com a presença justa de Deus, mas que na experiência da salvação (aspecto soteriológico) conduzirá toda a humanidade à sua plena realização e consumação.

Dentro dessa perspectiva de justiça, em suas mais variadas semânticas, cabe captar que o Deus da Bíblia não é um Deus simplesmente da natureza nem que se manifesta pelo discurso dos sábios ou filósofos. É um Deus que se revela na e através da história. E o fato revelador é um acontecimento político, uma façanha libertadora de um pequeno povo oprimido: os escravos hebreus no Egito (Ex 15) (cf. AGUIRRE & CORMENZANA, 1999, p. 541).

Na experiência do Êxodo e nos profetas (SICRE, 1990), o sonho de justiça brota de uma realidade marcada por uma opressão concreta; seja a situação de escravidão no Egito, seja a exploração sob a monarquia de Israel. A concepção de justiça está diretamente relacionada às condições materiais de vida. Se no Êxodo encontramos um Deus que escuta em profundidade o clamor dos oprimidos pela justiça, no profetismo há a explícita denúncia dos problemas sociais e o seu esforço por uma sociedade mais justa.

Em linhas gerais, o evento essencial, caracterizado como o Êxodo, traz uma forte mensagem de ética social que ainda exige de nós uma profunda decisão em termos de opção pela justiça. Segundo Lage,

> a revelação de Deus no Êxodo oferece a imagem de um Deus que participa do conflito de nossa vida. Esta teologia, que nasceu no coração dos escravos, é a que hoje pode ser dirigida à humanidade que sofre e que não conhece pactos. Do Êxodo nasce uma teologia conflitiva, dificilmente conciliável com os esquemas claros de um pacto bilateral. É possível que, inicialmente, a ideia da aliança servisse para criar uma sociedade distinta. Mas depois foi utilizada para apoiar a autoridade régia como autoridade absoluta, semelhante à que já se encontrava nos outros povos do mundo. Em outras épocas serviu para fundamentar sacralmente pretensões territoriais contra o direito internacional e os direitos dos povos deslocados. Nesses casos, a lei que funda as instituições justas volta a ser a defesa dos desamparados ante a arbitrariedade dos que pretendem decidir tudo em nome de Deus, como mediadores indiscutidos da aliança (LAGE, 1999, p. 41).

O Êxodo, portanto, é um paradigma bíblico essencial para entender a ação de Deus na história da humanidade, consistindo em uma fonte inspiradora para a uma ética social de inspiração cristã. Mais do que um texto narrativo, o evento do Êxodo revela que Deus não aceita, de modo algum, a injustiça humana. O grito do povo oprimido (Ex 3,7-10) é tão forte que consegue provocar Deus e fazer com que sua misericórdia e justiça se ativem na libertação humana. Ele age e intervém a partir da colaboração e mediação humana. Podemos considerar que essa forma de agir está na base do que pode ser considerada uma ética social; isto é, uma verdadeira conscientização ou despertar para os valores humanos mais essenciais à dignidade da pessoa humana.

Essa marcante experiência religiosa da libertação se tornou a páscoa hebraica e o paradigma vivo, constante na vida do povo (SELLA, 2003, p. 91). Foi um processo que marcou profundamente a história do povo de Deus, fato lembrado continuamente nos textos bíblicos. Foi a partir dessa experiência que o povo de Israel conseguiu perceber – tomar consciência "social" – que o mesmo Deus também é o criador do mundo: a experiência criadora de Deus. A realização da memória dá-se nesse profundo caminho de sensibilidade e consciência de fé: aquele que conseguiu libertar o próprio povo da escravidão e conduzir para a terra da justiça e liberdade é também o Deus que criou o mundo, a terra e o universo (Gn 1,1–2,4).

No movimento profético – que relê a experiência da libertação do Egito – considera-se que a reverberação da voz pela justiça provocou a religião de Israel a reassumir o sentido ético (SICRE, 1999, p. 47) e concreto da relação com Deus e com o povo. O âmbito de ação dos profetas é a busca pela retomada da justiça e da aliança em várias circunstâncias distintas: a praça pública, a corte, os problemas diários dos cidadãos, as intrigas dos políticos, as lutas partidárias, as maquinações dos poderosos, a fome e a angústia dos pobres.

As mensagens dos profetas salientam, sobretudo em Jeremias, que a *çedâqâh* trata da luta pela justiça, tendo como horizonte a ação divina; ou seja, o projeto de Deus que deve se concretizar por meio da aliança entre Deus e o seu povo. Essa justiça é próxima ao povo, é dinâmica e vai além de todas as decisões do tribunal. Por isso, deve ser acompanhada por valores como fidelidade, lealdade, misericórdia, compaixão, vida íntegra, paz e amor. É essa justiça que deve orientar a *mishpat*, considerada mais a justiça administrativa exercida pelas várias instituições como o tribunal.

Nos profetas está muito presente esta dupla: "justiça e direito"; sobretudo em Amós, pois ele prega uma religião encarnada que possa fazer desabrochar esses dois elementos. Para ele, fé deve ser traduzida com justiça social, que brota de uma relação perfeita com Deus (BONORA, 1983, p. 23). Embora o culto único e exclusivo a Deus geralmente esteja na base da teologia profética, como retomada da *aliança* e da *justiça*, para os profetas, a idolatria é geradora de uma profunda injustiça com consequências nas relações sociais.

Ao menos oito causas desse distanciamento da aliança e da justiça divina podem ser apontadas, segundo os profetas, enquanto atitudes que transgridem a boa convivência social e rompem com a harmonia do Criador: 1) Administração muito ruim da justiça dos tribunais que condena os inocentes (Is 2,23; 5,23.28; Am 5,10.12). 2) Comércio que enriquece à custa dos pobres (Am 8,4-6; Os 12,8; Mq 6,9-11). 3) O drama da escravidão (Am 1,6.9; 2,6; 8,6; Jr 34,8-22; Is 10,1-2; Mq 2,9). 4) Exploração pelo latifúndio (Zc 5,1-4). 5) Salários injustos e o não pagamento (Jr 22,13-19; Sf 3,1). 6) Exploração do povo por impostos e tributos (Am 2,8; 5,11). 7) Roubo (Os 4,2; Jr 7,9; Zc 5,3-4; Mq 2,2; Ez

18,7.12.16.18; 22,29). 8) Luxo e riqueza (Am 3,10.15; 4,1; 5,11; 6,4-7; Jr 5,25-28; 17,11; Ez 22,12)[36].

Enquanto o profetismo está fortemente marcado por uma perspectiva de justiça em sua expressão social, no enfrentamento dos problemas da vida, da cumulação de riqueza, da injustiça, da impunidade, da infidelidade, os textos sapienciais – literatura central na tradição veterotestamentária – incidem mais no aspecto existencial.

O contexto histórico dos livros sapienciais revela um povo que havia passado por grandes decepções e derrotas, gerando um sentimento de fracasso e impotência.

1.2 O Reino na pregação de Jesus: fonte inspiradora da moral social cristã

O centro de tudo o que se compreende como a moral de inspiração cristã é o próprio Jesus Cristo, revelador do Pai, verdadeiro homem e Deus, como professa a fé eclesial. É dele que todo cristão encontra a referência de sua vida para agir e se comportar à luz do que há de referência sobre Ele. A partir dessa premissa sugere-se que a moral de Jesus é "algo narrado" (CALLEJA, 2006, p. 22) em sua própria vida e transmitida por meio do Evangelho como relato da prática de Jesus, não como um tratado sistemático de moral.

Na vida e no agir de Jesus a antiga denúncia profética, de uma religião vã, sem ética (Am 5,21-25; Is 1,10-16; Mq 6,5-8; Os 6,6), é assumida como um referencial de vida, em sua atuação como filho de Deus e em sua pregação veemente e contínua (Mt 12,7.9-14; 15,1-7; 23,23). O seu destino, como auge da tradição veterotestamentária, é o próprio anúncio do Reino de Deus que se

---

36. Esse elenco de problemas concretos, geradores da denúncia profética em favor da justiça e da aliança, podem ser vistos de modo mais sistemático em SICRE, J.L. *A justiça social nos profetas*. São Paulo: Paulinas, 1990, p. 604-608.

completa, exigindo de todos a conversão e a adesão ao Evangelho (Mc 1,15).

Se Jesus Cristo, verdadeiro dom de Deus encarnado, é o ponto alto da revelação, sua proximidade com o despertar ao encontro no Reino com o Pai exige uma resposta à conversão. Assim, há nele a plenitude da justiça e da aliança, contexto no qual se dá a renovação radical do coração (PÉREZ-SOBA & DE LA TORRE, 2015, p. 15) e a presença da graça no mundo.

A pregação da conversão feita por Jesus, mediante o anúncio do Reino (*basileia*), a revelação do nome de Deus, o discipulado, o seguimento, a centralidade do amor e todo o valor teológico inerente a essas realidades misteriosas estão carregadas de profunda tensão entre duas realidades: a pregação ética de Jesus e a proclamação escatológica do Reino de Deus (WENDLAND, 1972, p. 16)[37]. Pode-se dizer, deste modo, que a ética de inspiração cristã tem na conversão ao Reino pregado por Jesus (MEEKS, 1997, p. 25) o seu fundamento e critério de discernimento diante da relatividade da condição histórica.

O "Reinado ou Reino", enquanto categoria teológica e moral, é central para compreender a pessoa de Jesus e acima de tudo a confiança que Ele tinha no Pai e no ser humano. Do ponto de vista de um discurso de moral social a categoria Reino se coloca de modo central, pois nela e no seu conteúdo encontramos o que se espera do cristão – seguidor de Jesus Cristo – na relação com o mundo, a sociedade e as relações.

---

37. Para o autor, a expressão "Reino de Deus" pode ser entendida de duas maneiras: como a soberania de Deus ou como o lugar (ou pessoas) sobre o qual (as quais) é exercida. O uso bíblico refere-se sobretudo ao primeiro sentido, que é melhor expresso como "Reinado de Deus". De qualquer modo, o uso feito por Jesus é o da impenetrabilidade histórica da salvação divina transcendente. Aqui adotaremos a terminologia "Reino de Deus" por ser a mais usual, embora com o significado de "Reinado de Deus".

Em geral, a ideia de Reinado de Deus não tem sua origem em Jesus, embora Ele tenha de fato dado um sentido posterior. Essa ideia de Reinado de Deus existia antes no judaísmo, podendo interpretá-lo, ao menos, de três formas, segundo distintas correntes de pensamento: 1) Os rabinos o entendiam de forma ética: na medida em que alguém se submete à Lei está aceitando o Reinado de Deus. 2) No culto celebrava-se o Reinado de Deus sobre toda a criação, que em si é uma realidade atemporal e sempre vigente (Sl 47,8-9). 3) Há uma terceira corrente judia que espera a afirmação histórica da sabedoria de Deus por meio de uma nova intervenção salvífica dele. É a linha profética, com a qual Jesus se liga fundamentalmente (AGUIRRE, 1999, p. 62), embora também existia a linha ou mentalidade apocalíptica (SCHNELLE, 2010, p. 112-118)[38], que se centrava sobre a aproximação de Deus na história, mas conduzindo a humanidade para o mundo futuro, depois da destruição ou desaparecimento deste.

Quando essas duas linhas (profética e apocalíptica) se colocam de forma análoga podemos encontrar o verdadeiro sentido do Reino enquanto princípio de ação; ou seja, a sua real implicação moral-social na vida dos cristãos e das pessoas que aderem à proposta de Jesus. Desse modo, a tensão aparece, pois o Reino pregado por Ele, ao mesmo tempo em que é uma realidade escatológica se apresenta como um dom absoluto de Deus e desafio histórico para os cristãos (JUNGES, 2001, p. 93-110). Dito de outro modo, o Reino e o seu significado são uma realidade misteriosa e maravilhosa, plenos de tensão, que abarcam uma realidade futura e presente, pela força do Espírito, no testemunho dos discípulos de Jesus. Portanto, uma moral social eclesial se caracteriza não tanto por um conjunto de preceitos ou normativi-

---

38. Nessas páginas o autor analisa a ideia do passado, presente e futuro do "Reino de Deus", indicando a dimensão apocalíptica presente na pregação de Jesus.

dades a ser seguidos, mas acima de tudo pela primazia do Reino de Jesus em processo de gestação pelos cristãos que assumiram em sua vida o projeto.

De todo modo, o Reino pregado por Jesus tinha uma função ou linguagem social que necessita ser sempre revista e interpretada. Na verdade, o sentido e o conteúdo do Reino para Jesus foi o critério central, a sua bússola, no qual Ele julgava os fatos humanos, a mentalidade do seu tempo, os costumes sociais e a religião de sua época (GOFFI & PIANA, 1985, p. 23-31)[39]. É verdade que o Reino e a sua força estão para além de toda situação histórica; contudo, é a partir dela que o cristão é chamado continuamente a confrontar a sua consciência, a sua liberdade, as suas decisões e principalmente a sua inserção na comunidade eclesial e social.

Para que o cristão possa aderir ao Reino pregado por Jesus, e assim discernir ou purificar o seu processo de adesão a ele, é necessário um contínuo processo de conversão, mas dentro de um itinerário de seguimento do Mestre (SOBRINO, 1999, p. 467-510), como uma espécie de caminho que desabrocha em uma espiritualidade real, concreta e crítica em relação à cultura ao redor.

O Reinado de Deus é a causa da vida de Jesus – centro da sua mensagem e do discipulado/seguimento –, e, enquanto conceito, articula todas as exigências morais provenientes dessa perspectiva. Ele exige do homem de todas as épocas uma resposta sincera e interior que se manifesta em obras e atitudes e, assim, afetam o mundo e a sociedade ao seu redor. Eis por que aquele que o segue deve fazer uma experiência de alegria (Mt 13,44) e assumi-lo totalmente (Mt 13,46). Exige daquele que o escuta uma opção radical por Ele e pelo seu reinado (Mc 1,16-20; 10,17-27).

---

39. Esta pode ser considerada a grande novidade da presença de Jesus na história da humanidade, principalmente a incidência da sua mensagem.

Todo cristão – discípulo e seguidor de Jesus – é chamado a estabelecer uma profunda comunhão de vida com Ele. Esse encontro é feito em sua prática; um desafio existencial que estimula, impulsiona e encoraja o cristão para uma ação concreta na história, em sintonia com a prática de Jesus. Caracteriza-se como prática de amor, pois sempre é orientada para os outros, e principalmente os que estão em necessidade. Podemos constatar essa referência na Parábola do Samaritano (Lc 10,29-37) e na Parábola do Rico e de Lázaro (Lc 16,19-31), consideradas também em uma perspectiva de serviço (Mc 10,43-44; Mt 20,26-27).

Desse modo, torna-se oportuno, ao buscar uma fundamentação cristológica para uma moral, sintetizar a centralidade do Reino e as suas implicações éticas na consciência do cristão, e partir da referência do que representou o evento Jesus Cristo para a comunidade eclesial e os cristãos de todas as épocas. Assim,

> o princípio explicativo da prática de Jesus é o seu enraizamento no amor do Pai, que cria uma perspectiva de liberdade e de amor. Jesus sente-se livre diante dos determinismos socioculturais e religiosos do seu tempo para se deixar animar unicamente pela ternura do Deus do Reino. O seu agir se apresenta como uma prática de liberdade e de amor. Essa prática, enraizada no amor do Pai, experimentado em Cristo, desencadeia no discípulo um movimento de profunda liberdade interior e de renovada energia de amor, frutos do Espírito. O agir de Jesus como prática de liberdade e amor torna-se inspiração e critério para o agir moral do cristão (JUNGES, 2001, p. 110).

O cristão, seguidor apaixonado do projeto de Jesus, é alguém profundamente erradicado na sua lógica do Reino e do Amor. Quando se vê no drama de ter que agir, é chamado a colocar em movimento toda a trama da sua existência histórica, que o provoca a dar razões da sua fé e do sentido de discipulado. Na problemática dos desafios ético-sociais contemporâneos a consciência emerge com toda a sua força enquanto um dinamismo interno e pessoal pelo discernimento entre o que é projeto de Jesus e o que se opõe a Ele.

Hoje é urgente que superemos certo maniqueísmo ainda em voga no imaginário coletivo católico e cristão, no qual as questões sociais fazem parte de uma perspectiva que não é a da Igreja. O social, em todas as suas manifestações e como sistema internacional de convivência, é e sempre foi objeto direto da reflexão teológica e da missão da Igreja. Não existe busca de santidade que não passe e assuma de forma empenhativa o prosseguimento da missão de Cristo, no conduzir a convivência humana pelos caminhos do Reino.

Assim, em linhas gerais, pode-se dizer que o Novo Testamento não traz uma doutrina social no sentido estrito, mas deixa transparecer o *ethos* da fraternidade e da solidariedade (KONINGS, 2000, p. 39-59). Antes estava presente o antigo Israel, mas agora marca o início de uma realidade nova e definitiva, a Nova Aliança, acionada pela palavra e pela prática de Jesus, continuada em sua comunidade. Com Ele, a solidariedade – fundamentada no Reino – torna-se universal e decisiva.

2
Fundamentos e perspectivas patrísticas e medievais

Os autores cristãos da época primitiva não tinham em vista um tratamento sistemático da moral social como pretendemos hoje. Em geral, as intervenções ou posicionamentos dos Santos Padres da Igreja, pastores e teólogos eram mais caracterizados como um gênero ético chamado *parenético*; isto é, exortativo.

As categorias teológicas e teológico-morais que fundavam essas exortações ou parêneses eram eminentemente bíblicas, tais como: a dignidade e o valor da pessoa criada à imagem e semelhança de Deus, a fraternidade e certa perspectiva cosmopolítica universal, a igualdade humana baseada na ideia de natureza (GOFFI & PIANA, 1985, p. 9-10).

Neste capítulo apresentaremos, de um modo sintético e panorâmico, algumas perspectivas patrísticas e medievais que irão marcar o pensamento social no cristianismo a partir de autores, teólogos e obras que se tornarão um marco obrigatório de inspiração para a consciência cristã de todas as épocas.

2.1 A moral social na patrística: perspectivas gerais

Após termos refletido acerca do fundamento bíblico de uma moral social, com suas aproximações, é conveniente apresentarmos de modo sintético algumas características gerais de como os primeiros cristãos lidavam com a implicação social do que professavam. Para este objetivo apresentaremos algumas ideias de como o fenômeno social/político era assumido pelos teólogos – Santos Padres – e depois apresentaremos de um modo esquemático um quadro sobre as principais obras e temas que eles consideravam prioridade em seu tempo.

Os antigos Padres tinham grande interesse pelas implicações morais da fé cristã e, de modo particular, pela sua influência na vida social, familiar e a resposta que os cristãos davam aos desafios próprios da época. Todos os modos de viver a centralidade da fé em contextos sociais distintos tinham como referência o seguimento de Jesus Cristo: *sequela Christi* (OSBORN, 2002, p. 518), o que envolvia um caminho de busca pela justiça a partir da fé.

Sabe-se que o compromisso com o social é um elemento constitutivo e basilar da fé cristã por estar em total relação com o que professamos; isto é, o Dogma da Encarnação de Jesus Cristo. Desde a mais primitiva expressão de fé, o chamado que os cristãos recebiam de testemunhar o querigma era não somente central, mas essencial. Desse modo, para os primeiros cristãos, e, de modo particular, para os escritores-teólogos dos quais recebemos a herança cristã, era indissociável a vivência do aspecto celebrativo, do ensino/pregação e a prática da caridade (CALVEZ, 1995, p. 10), compreendida como a busca pela justiça social enquanto expressão do Reino pregado por Jesus Cristo.

Dos textos dos Padres dos primeiros séculos da Igreja há algo constitutivo que deriva do ensinamento dos apóstolos e das experiências das primeiras comunidades cristãs. A dimensão social, tratada em uma perspectiva pastoral, aparece de modo marcante pela divisão dos bens, enquanto exigência de justiça e amor na nova condição de fraternidade desejada pelo cristianismo. Esta se traduz em uma busca por igualdade social, a obediência ao amor fraterno e a subordinação dos bens terrenos ao direito à vida (SPIAZZI, 1992, p. 138).

Nos primeiros séculos do cristianismo não se encontra um manual sistemático ou uma doutrina elaborada sobre a moral social. Pode-se dizer que nesse longo período (do século I ao século VIII) há uma profunda sensibilidade social oriunda do forte vínculo entre o anúncio da mensagem cristã – referencial de vida para os primeiros cristãos – e uma certa consciência de justiça social (BOGAZ; COUTO & HANSEN, 2008, p. 145-154). Encontra-se entre os primeiros cristãos um forte desejo – um compromisso evangélico – de articular o que se professava, o que se celebrava e a tradução disso em formas de viver autênticas.

Segue um quadro demonstrativo[40] de alguns escritos/escritores do período patrístico (tradição primitiva e antiga) até os inícios do período medieval, que consideramos fundamentais para o pensamento de uma teologia moral social. Depois faremos referência ao tema de relevância tratado no período vivido. Indicaremos primeiro a tradição grega e depois a tradição latina em ordem cronológica e de importância, com algumas obras e os temas gerais tratados nessas referências.

---

40. Seguiremos como referência e fonte bibliográfica os seguintes autores/obras: SPIAZZI, R. *Enciclopedia del pensiero sociale cristiano*. Bolonha: Studio Domenicano, 1992. • HEILMAN, A. & KRAFT, H. (eds.). *La teologia dei Padri* – Testi dei Padri Latini, Greci, Orientali scelti e ordinati per temi. Vol. III: Vita cristiana – II prossimo – Stati di vita cristiana. Roma: Città Nuova, 1975. • BERARDINO, A.; FEDALTO, G. & SIMONETTI, M. (orgs.). *Dicionário de Literatura Patrística*. São Paulo: Ave-Maria, 2010.

Autor/escrito	Século/ano	Obra/temas de moral social
Didaqué	I-II	• Não compreender o próprio como exclusivo, mas comunicar aos outros (cap. I, n. 5-6); relações cristãs entre escravos e patrões (cap. IV, n. 10-11); o mal social (n. 1-2); prática da hospitalidade (cap. XII); o trabalho (cap. XIII, n. 3-4).
Clemente Romano	II	• *Carta aos coríntios*: obras de justiça a realizar (33, n. 1-8); ordem social (37, n. 1-5); solidariedade social (38, n. 1-2); oração para os pobres (52, n. 4); oração para os governantes (61).
Inácio de Antioquia	II	• *Cartas*: os pagãos e as obras de misericórdia (Esmirna, VI, n. 2); cuidado com as viúvas e os escravos (Policarpo, IV, n. 1-2); riqueza espiritual (Policarpo, VI, n. 2).
Policarpo de Esmirna	I-II	• *Carta aos filipenses*: contra a fraude e a ganância (Filip. II, n. 2); prontidão na esmola (Filip. X, n. 2-3); idolatria e avareza (Filip. XI, n. 1-2).
Carta de Barnabé	II	• Contra a ganância e a avareza (cap. XIX, n. 6-9); partilha dos bens (cap. XIX, n. 8).
Carta a Diogneto	II	• Os cristãos e a vida social (cap. V, n. 1-14); função dos cristãos na ordem social (cap. VI, n. 1-10); senso social e ação benéfica como imitação de Deus (cap. X, n. 1-6).
Justino	I-II	• *Apologias*: súditos do Império (I, cap. XVII); a comunhão entre os primeiros cristãos (I, cap. XIV, n. 2-3; cap. XV, n. 9-10); socorro às necessidades entre os primeiros cristãos (cap. LXVII, 1, 6-7). • *Diálogo com Trifão*: lei natural e amor ao próximo (cap. 93).

Autor/escrito	Século/ano	Obra/temas de moral social
Irineu de Lião	II	• *Os cinco livros contra os heréticos*: o Senhor nos aconselha a sermos generosos e comunicativos com todos (cap. XII, n. 3); origem e fim do poder humano.
Clemente de Alexandria	II-III	• *Protréptico*: domínio divino e do cristão (XII). • *O pedagogo*: contra o luxo; posse, uso e suficiência dos bens (II, 3); luxo, necessidade e medida do que se deve possuir (III, 7). • *Stromata*: preceitos sociais da lei mosaica (II, 18); posse, uso e propriedade (IV, 13); sabedoria, sociabilidade e partilha (II, 3). • *Sobre a salvação dos ricos* (todo o escrito).
Orígenes	II-III	• *Sobre a oração* (temas: inferno; administração das riquezas). • *Contra Celso* (temas: inteligência e necessidades do homem (IV, 76); há uma lei da natureza que é a rainha de todos (V, 40); Platão, Cristo e a salvação dos ricos (IV, 16)). • *Comentário sobre Mateus* (tema: a salvação dos ricos não é impossível, mas é difícil (XV, 20)). • *Sobre o Levítico* (tema: sete modos de se fazer perdoar os pecados, o terceiro é pela esmola (Hom. II, n. 4)).
Basílio	III-IV	• *Examerão* (tema: voracidade dos ricos (Hom. VII, n. 3)). • *Homilia contra os ricos*. • *Homilia pronunciada em tempo de fome e seca*.
Gregório de Nazianzo	IV	• *Discurso XIV sobre o amor aos pobres* (pronunciado em Cesareia). • *As injustiças sociais, causa da cólera divina* (discurso). • *Conduta do rico e do pobre* (discurso). • *Não amar a riqueza ao ponto de negar o socorro ao pobre*.

Gregório de Nissa	IV	• *Discurso sobre a criação do homem.* • *Homilia sobre o Eclesiastes.* • *Discurso sobre o Pai-nosso.* • *Discurso sobre as bem-aventuranças.* • *Discurso sobre os pobres, que devem ser amados.* • *Contra os que praticam a usura.*
João Crisóstomo	IV-V	• *Contra os opositores da vida monástica.* • *Demétrio monge, sobre a compunção.* • *Sobre Lázaro.* • *Discurso sobre o destino e sobre a Providência.* • *Sobre o início dos Atos dos Apóstolos.* • *Sobre Priscila e Áquila.* • *Sobre a esmola.* • *Sobre as viúvas.* • *Sobre o Gênesis.* • *Sobre o homem que se fez rico.* • *Homilia sobre a caridade perfeita.* • *Homilia sobre São Mateus* (há inúmeros pontos que poderiam ser destacados). • *Homilia sobre São João* (há inúmeros pontos que poderiam ser destacados). • *Homilia sobre os Atos dos Apóstolos* (há inúmeros pontos que poderiam ser destacados). • *Homilia sobre a Carta aos Romanos* (há inúmeros pontos que poderiam ser destacados). • *Homilia sobre a Primeira Carta aos Coríntios* (há inúmeros pontos que poderiam ser destacados).

Autor/escrito	Século/ano	Obra/temas de moral social
Cirilo de Alexandria	IV-V	• *Da adoração em espírito e verdade.* • *Comentário a Isaías* (temas: ambição dos ricos; a realização da caridade). • *Comentário ao Evangelho de Mateus.* • *Comentário ao Evangelho de Lucas.* • *Homilias pascais* (temas: tarefa do rico; juízo final; justiça e liberalidade).
Tertuliano	II-III	• *Apologia em defesa dos cristãos contra os gentios* (tema: vida comunitária dos primeiros cristãos). • *Livro sobre a oração* (tema: efeitos da oração sobre os pobres e os ricos). • *Sobre a paciência* (temas: paciência; distribuição; perda das riquezas). • *Os dois livros sobre o vestuário das mulheres* (temas: luxo das mulheres; as riquezas).
Cipriano de Cartago	II-III	• *Livro sobre a unidade da Igreja* (diminuição do senso social dos cristãos). • *Sobre as obras boas e a esmola* (há inúmeros pontos que poderiam ser destacados). • *Cartas* (falta de consciência social dos ricos). • *Sobre o Pai-nosso* (temas: pobreza; perfeição; esmola; oração e jejum).
Lactâncio	III-IV	• *Instituições divinas* (há inúmeros pontos que poderiam ser destacados).
Hilário de Poitiers	IV	• *Tratado sobre os salmos* (há inúmeros pontos que poderiam ser destacados). • *Comentário ao Evangelho de Mateus* (há inúmeros pontos que poderiam ser destacados).

Ambrósio de Milão	IV	• *Examerão* (temas: voracidade dos ricos; riqueza e pobreza). • *Sobre o paraíso.* • *Sobre Caim e Abel.* • *Sobre Abraão.* • *Livro sobre Nabot.* • *Explicação dos salmos.* • *Exposição sobre o Evangelho de Lucas.* • *Sobre os deveres* (*De officiis ministrorum*). • *Sobre as viúvas.* • *Cartas* (temas: uso das riquezas; salvação e condenação; não se deve defraudar o operário do seu salário; dignidade do pobre). • *Discurso na morte de Teodósio* (tema: justiça e misericórdia). • *Sermões* (temas: partilha e trabalho; jejum e esmola).
Jerônimo	IV-V	• *Cartas* (temas: avareza; partilha; necessidades). • *Comentários ao Eclesiastes.* • *Comentários ao Profeta Isaías.* • *Comentários ao Profeta Ezequiel.* • *Comentários ao Evangelho de Mateus.* • *Homilia sobre o rico e Lázaro.*

Autor/escrito	Século/ano	Obra/temas de moral social
Agostinho	IV-V	• *As confissões* (temas: lei natural e furto; Deus e os bens criados). • *O livre-arbítrio* (temas: formas de governo; leis temporais; o uso dos bens criados). • *Dos costumes da Igreja* (temas: posse das riquezas e perfeição; cristãos e propriedade). • *Cartas* (temas: posse por direito divino e humano; o homem com o bom uso faz boas as riquezas; pertencem aos outros o que se possui mal porque se usa mal; salvação dos ricos, propriedade e família; o emprego da força política a serviço da religião). • *A doutrina cristã.* • *A verdadeira religião.* • *O discurso da montanha.* • *Tratado sobre o Evangelho de João.* • *Explicações sobre os salmos.* • *Sermões* (temas: os pecados veniais cotidianos e a esmola; a fé e os ricos deste mundo; Deus permite que os pobres provem os ricos; justificação do homem e o uso das riquezas; igualdade entre ricos e pobres; diversos modos de divisão dos bens; deve-se restituir as coisas encontradas; ninguém seja soberbo no socorro do necessitado). • *Contra as cartas de Petiliano* (tema: responsabilidade dos potentes). • *Contra Julião* (tema: diversos tipos de autoridade). • *Sobre a utilidade do jejum* (tema: divisão das riquezas temporais e espirituais). • *A cidade de Deus* (temas: a ordem divina na distribuição dos bens criados; a verdadeira justiça; a unidade social; a natureza social do homem; a divisão social; os bens que Deus concede ao homem na condição de usá-los retamente; a ordem da paz entre homens; a ordem natural e a escravidão; a paz doméstica; a família, gérmen da sociedade; se falta a justiça não há organização política). • *Contra Fausto Maniqueu* (tema: ordem natural do homem).

João Cassiano	360-435	• *Conferências* (temas: os bens são concedidos pelo Criador a todos: a desigualdade deve ser preenchida pela prática da misericórdia; categorias das riquezas; modos de ser das riquezas: boas, ruins e indiferentes; comunidade dos bens e os primeiros cristãos).
Pedro Crisólogo	406-450	• *Sermões* (temas: a riqueza produz a avareza; miséria e jejum; compreensão do pobre e partilha; partilha e enriquecimento; função social da riqueza; Deus, os pobres e os ricos; misericórdia divina e humana; o outro não é um mal, mas é motivo de avareza; natureza da riqueza e da pobreza; é um delito conservar avidamente o que é próprio; poder e efeitos perniciosos das riquezas).
Leão Magno	390-461	• *Sermões* (temas: finalidade da abundância dos bens; os pobres e a prática da misericórdia; respeito e estima do homem; socorro dos pobres envergonhados; origem e fim das riquezas; são o nosso próximo todos os homens, em modo mais absoluto; justiça e partilha; fim social dos bens terrenos e partilha; caráter social das virtudes; extensão da partilha).
Gregório Magno	540-604	• *Livros morais ou exposição sobre o Livro de Jó* (temas: há justos que possuem um patrimônio e o usam licitamente; o mal não está no possuir, mas no afeto; as esmolas purificam os pecados somente se renunciarmos a eles; riqueza e humildade; pobres e ganância; partilha e apropriação; serviço e afeto na partilha; paciência e vida social). • *Homilias sobre o Profeta Ezequiel* (temas: distribuição dos bens que se possuem; quem sabe abandonar os bens/duas classes de fiéis em referência às riquezas). • *Regra pastoral* (temas: como se deve aconselhar os pobres e os ricos; como se deve aconselhar aqueles que distribuem os bens; como se deve advertir os que roubam; como se deve advertir aqueles que não distribuem; como se deve advertir aqueles que distribuem e roubam; em um modo se deve exortar os servos e em um outro modo os patrões).

Autor/escrito	Século/ano	Obra/temas de moral social
Isidoro de Sevilha	560-636	• *Etimologias* (temas: noções do direito natural, civil e das pessoas; os direitos sobre as coisas; fins e sentido das leis). • *Os três livros das sentenças* (temas: a caridade e a vida social; a avareza é o pior inimigo; significado social do amor e da amizade; prova de amor a Deus e ao próximo; origem do poder; contra os opressores dos pobres; classes dos ricos e dos pobres; distribuição e uso das riquezas).

Em linhas gerais pode-se verificar, à luz de uma perspectiva da moral social, que ao menos cinco pontos/temas são recorrentes e constantes na maioria dos textos ou dos teólogos/pastores. São eles: 1) O confronto da vida concreta (social) com as fontes evangélicas e, em particular, com o Sermão da Montanha (Mt 5–7). 2) O problema dos pobres é uma constante em todos os autores/textos. 3) A prática da esmola é um conselho evangélico que tem a sua reverberação na vida da comunidade e na sociedade. 4) A ambivalência e a conflitualidade entre a riqueza e a pobreza encontram-se de forma constante nas menções gerais. 5) A busca pela legitimidade e a função da propriedade já é um problema teológico, moral e social para a maioria dos pastores e teólogos.

Assim, encontra-se na tradição patrística, durante os primeiros séculos, uma vasta referência de moral social que atesta a preocupação e o compromisso com questões que se referem à implicação do vivido com o professado e o celebrado. Inspirados no ideal apresentado em At 2, a fé cristã, em todas as épocas, buscou na vivência radical da caridade, da justiça e da fraternidade a expressão máxima do que é essencial e a sua tradução no testemunho evangélico.

2.2 A moral social na Idade Média e escolástica: perspectivas gerais

No primeiro milênio da era cristã pode-se constatar que a moral social se estruturou a partir de uma visão operacional da vivência do Evangelho e da tão sonhada comunidade dos Atos dos Apóstolos como fonte bíblica inspiradora para os pastores, teólogos e as primeiras comunidades cristãs, chamadas a dar testemunho do que se professava e celebrava. Há, como se pode perceber, uma rica bibliografia de textos selecionados, cujos temas podem ainda hoje nos oferecer luzes e critérios fundamentais para o despertar da vivência evangélica nas mais variadas situações.

Uma primeira sistematização do pensamento social e político cristão tem o seu auge no período medieval com a valorização dos dados bíblicos, patrísticos e o patrimônio clássico helênico e romano, com a determinação dos princípios e a formulação de ideias que tenham um valor universal. Desse modo, as reflexões em torno da moral social se revestirão de uma linguagem metafísica.

Como foi feito anteriormente para o período do cristianismo primitivo, patrístico e o primeiro milênio, aqui também queremos apresentar um quadro expositivo de algumas referências gerais que marcaram o longo período denominado "Idade Média" em matéria de moral social e a sua interlocução com a fé cristã. Segue um quadro demonstrativo (SPIAZZI, 1992) de alguns escritos/escritores do período medieval do século VIII até o século XIV, que consideramos fundamentais para uma reflexão social cristã. Indicaremos em ordem cronológica e de importância, com algumas obras e os temas gerais tratados nestas referências.

Autor/escrito	Século/ano	Obra/temas de moral social
Jonas de Orleans (bispo francês)	IX	• *Instituição regia* ("Todos devem saber que a Igreja universal é o corpo de Cristo; que o seu chefe é Cristo mesmo e que, enquanto Igreja, duas pessoas eminentes estão na cabeça: a pessoa sacerdotal e a pessoa real").
Incmaro de Reims (teólogo, jurista e arcebispo)	806-882	• *De praedestinatione Dei et libero arbítrio* (temas: depois da divisão do império em mais reinos permanece apenas uma "cristandade", sob a lei de uma só Igreja, mesmo que os governos sejam administrados por mais reis e mais eclesiásticos).
Sedulio Scoto	IX	• *De rectoribus christianis* (obra dedicada ao Rei Lotário).
Gregório VII (papa)	1020-1085	• *Cartas*. • *Dictatus papae* (temas: Igreja e império são duas organizações distintas do único corpo de Cristo; só o romano pontífice pode-se dizer legitimamente universal, usar insígnias imperiais e depor imperadores).
Hugo de São Vítor (teólogo, místico e filósofo francês)	1096-1141	• *De Sacramentis christianae fidei*. • *Didascalicon*. • *Erudito didascálica*.

Autor/escrito	Século/ano	Obra/temas de moral social
Nicolau I	IX	• *Carta ao Imperador Michel* (tema: superioridade do poder espiritual sobre o temporal). • *Carta 82 a Arduino (arcebispo)* (temas: aceno à teoria das duas espadas; a material, usada por Malco, e a espiritual, usada por Simão Pedro contra Ananias e Safira – dois poderes legítimos, mas o espiritual da Igreja é superior).
Honório de Autun (escritor medieval polígrafo)	XII	• *Suma glória do apostólico e Augusto* (tema: como a alma é superior ao corpo, assim o sacerdócio ao reino, que do primeiro recebe a ordem).
Plácido de Nonântola	XII	• *Livro sobre a dignidade da Igreja* (temas: o reino terreno deve servir ao da Igreja para a honra do reino celeste; o máximo bem do qual se deve subordinar todos os outros à verdade).
João de Salisbury (filósofo escolástico inglês, seguidor de Abelardo)	1110-1180	• *Policarticus – De nugis curialium et vestigiis philosophorum* (nesta obra se encontra um conjunto de deveres e qualidades do príncipe que se deve observar para não se tornar um tirano; entre ambos há uma única e fundamental diferença: o príncipe obedece às leis e governa, segundo a justiça, o povo, tornando-se um servidor; já o tirano oprime o povo com uma dominação violenta e faz de tudo para frustrar as leis e reduzir o povo a escravos).

Rufino (*Magister decretorum* a Bologna, possível bispo de Assis)	XII	• *Summa decretorum* (interpreta o Decreto de Graciano em torno da confiança a Pedro, no que se refere às duas chaves do poder celeste e o terreno, no sentido de que o romano pontífice tenha igual competência no campo espiritual e no temporal). • *De bono pacis* (partindo da análise do significado da palavra "paz", Rufino minuciosamente tenta interpretar oito espécies de paz, com o intuito de chegar à da Jerusalém celeste; trata, portanto, da paz no contexto do seu tempo, associando à ideia de justiça, virtude capaz de gerar harmonia entre os povos).
Bonifácio VIII (papa)	1235-1303	• Bula *Unam Sanctam* (de 18 de novembro de 1302) (defende a necessidade para cada criatura de ser sujeita ao romano pontífice e se salvar; esta ideia se baseia no fato histórico segundo o qual as duas espadas (os dois poderes) estão nas mãos do papa, o qual confia ao príncipe o poder temporal para usá-lo em favor da Igreja).
Dante Alighieri (poeta italiano)	1265-1321	• *Vida nova.* • *De vulgari eloquentia.* • *De monarchia.* • *A divina comédia.* • *Convivium.*
Wazane de Liegi	XI	• *Carta a Luggero II* (bispo de Châlons) (tema: não se deve usar de violência contra os hereges, mas apenas excomungá-los).

Autor/escrito	Século/ano	Obra/temas de moral social
Pedro Cantor	XII	• *Verbum abbreviatum* (tema: aos hereges podem ser presos, mas jamais assassinados).
Bernardo de Claraval	1090-1153	• *Cartas* (ao clero e ao povo da França Oriental) (temas: sobre a expedição na Terra Santa; a guerra pode e deve ser usada para libertar os cristãos dos pagãos e estes do demônio – enfim, para abrir o caminho aos pregadores do Evangelho). • *De consideratione* (tema: das duas espadas – o papa deve usar a espiritual; a outra deve ser usada por outros, sempre a favor da Igreja).
Tomás de Aquino (teólogo e frade dominicano)	1224(5)-1274	• *Suma de Teologia* (II-II, q. 10, a. 8: os que jamais abraçaram a fé não devem ser obrigados a crer, já que a fé é um ato livre); (II, 1. 57, a. 4, ad 2: "o filho enquanto filho é algo do pai; e assim o servo enquanto servo é algo do patrão – todavia, um e outro, enquanto homens, são realidade subsistentes bem distintas"); (I, q. 96, a. 4; I-II, q. 94, a. 5, ad 3); (II-II, q. 57, a. 4, in c: *Comentário às Sentenças de Pedro Lombardo*); (IV, q. 1, a. 1, ad 2).
Egídio Romano (filósofo e teólogo romano)	1245-1316	• *De regimine principium.* • *De ecclesiastica sive summi pontificis potestate.*
Mateus de Acquasparta	1240-1302	• *De legibus* (as leis que regem o cosmo e os homens constituem uma leitura religiosa da realidade na qual o fim espiritual é proeminente; desse princípio são provenientes as consequências políticas orientadas por um sentido teocrático).
Duns Scoto	1265-1308	• *Comentário às sentenças* (não se deve batizar os filhos dos judeus ou dos infiéis contra a vontade dos parentes, violando o direito dos seus filhos e criando uma situação difícil).

Neste período medieval encontramos como que uma primeira sistematização do pensamento social e político cristão. De modo particular queremos apenas apresentar um quadro ilustrativo da principal fonte em moral social que irá, de certo modo, influenciar a tradição posterior; trata-se da visão de justiça a partir de Tomás de Aquino.

2.3 A síntese de Santo Tomás de Aquino sobre a justiça

A perspectiva de justiça em Tomás de Aquino acompanha a sua visão de ética e de ser humano, própria do mundo escolástico da época. Para ele, todo ser humano, como agente racional e livre, é capaz de ordenar sua ação para o bem, que é o próprio fim a ser alcançado dentro da visão teleológica.

A sua ética, obedecendo ao modelo que prevalece em toda a ética cristã, é uma ética da perfeição e da ordem. Essas duas categorias de natureza filosófica mostram-se como fundamentais na ontologia tomásica, encontram em sua antropologia uma realização exemplar e, por conseguinte, orientaram em profundidade a construção da ética (LIMA VAZ, 1999, p. 216). Além disso, o seu pensamento ético também era baseado no da virtude, entendida como uma disposição perene, orientada pela razão para agir de modo a realizar o bem e evitar o mal.

Pode-se dizer, em geral, que o mérito de Tomás de Aquino está no fato de que ele foi o primeiro teólogo a elaborar um tratado sobre justiça, denominado *De Iustitia* (TOMÁS DE AQUINO, 2005, II-II, q. 57-112). Para Vidal (1999, p. 30), esse tratado foi desenvolvido por ele em torno de três núcleos centrais: estudo do objeto da justiça, que é o direito; análise da noção e dos seus componentes; apresentação das exigências morais da justiça.

Ele situa a justiça no horizonte das *virtudes morais* (hábito que aperfeiçoa o homem para agir bem), das *virtudes cardeais* (junto com a prudência, a temperança e a fortaleza na busca pelo aperfeiçoamento da natureza humana), sendo que a considera a *principal entre as virtudes morais* (pois ela, além de orientar-se pela razão, também se ocupa das operações pelas quais o homem se ordena; não só a si mesmo, mas aos demais).

A justiça em Tomás de Aquino não é algo alheio à virtude da fé, mas profundamente erradicada sobre a busca da verdade última que o ser humano é chamado a realizar. Desse modo, segundo Josaphat,

> [...] a verdade da fé funda a religião autêntica. Pelo direito, a justiça estabelece a convivência social verdadeiramente humana. Portanto, a justiça resplandece como a lei imanente de perfeição, de plena bondade, realizando-se no seu domínio, próprio das ações e relações humanas, exigindo como condição *sine qua non* de sua presença transformadora o equilíbrio harmonioso, passional e afetivo de todo o ser humano. A justiça é o centro ou o cerne da ética, pressupondo e exigindo que as duas outras virtudes cardeais, a fortaleza e a temperança, moderem e regulem os interesses, as ambições, as pulsões e as paixões. A justiça emerge, assim, como uma conquista, como um triunfo constante sobre todo apetite ou desejo que torne o homem escravo das coisas e do seu egocentrismo (2012, p. 580).

Tomás desenvolve a sua visão de justiça a partir de três elementos essenciais: justiça legal, justiça distributiva e justiça comutativa (2005, II-II, q. 58, a. 7, q. 6); estes estão na linha do bem comum, que é o tema no qual giram a sua ética e a compreensão de ser humano. Para ele, o plano de Deus é uma justa distribuição dos bens da terra, para que todos possam fazer uso daquela parte dos bens que Deus ofereceu para a vida de cada um. Assim, a justiça é uma firme e constante vontade de dar a cada um aquilo que lhe pertence[41].

---

41. Ibid., q. 58, art. 1-2. Em latim assim se encontra: *"habitus secundum quem aliquis constante et perpetua voluntae jus suum unicuique tradit"*.

A justiça é a virtude que incentiva a pessoa a estar atenta às necessidades do outro e a respeitar também a alteridade de cada um, porque cada pessoa é um outro. Em outras palavras, "'dar o cada um o seu' contempla seja o dever do particular em contribuir para o bem comum, seja o dever da comunidade de dar o próprio aos cidadãos como indivíduos" (MONDIN, 1991, p. 288).

Tomás de Aquino, no que se refere à justiça, analisou-a a partir do seu método escolástico, distinguindo os seguintes pontos: o que é a justiça; se a justiça é sempre relativa a outrem; se é mesmo uma virtude; se é uma virtude geral; se a justiça geral é a mesma que qualquer outra virtude; se há uma justiça particular; se a justiça particular tem matéria própria; se é relativa às paixões ou só às ações; se o meio-termo da justiça é o mesmo que o geral; se o ato de justiça consiste em dar a cada um o que lhe é devido; e se a justiça é a principal entre as virtudes[42].

Como se pode constatar no amplo conjunto das questões 57 até a 122, Tomás de Aquino se orienta por uma quantidade razoável de fontes, provenientes de ao menos três referências: a aristotélica, a bíblico-patrística e o direito romano (VIDAL, 1999, p. 32). Estas se encontram na raiz da forma e no conteúdo do que ele compreende como justiça, dentro do âmbito da fé até as relações com o outro[43].

Apresentamos a seguir um quadro ilustrativo das questões e os temas tratados por Tomás de Aquino em seu tratado da justiça[44].

---

42. Todo esse tratamento dado por ele à justiça pode ser encontrado na *Suma de Teologia*, II-II, q. 57-112.

43. Essa rápida apresentação sobre a justiça em Tomás de Aquino não nos permite fazer uma análise mais meticulosa sobre como ele utilizou cada fonte no interior do tratado. Contudo, há bons estudos que fazem esse "exegético" trabalho de averiguar a influência das fontes aristotélicas, bíblico-patrísticas e do direito romano nas questões.

44. Usaremos aqui como fonte: TOMÁS DE AQUINO. *Suma de Teologia*. São Paulo: Loyola, 2005, II-II, q. 57-122. • JOSAPHAT, C. *Paradigma teológico de Tomás de*

Poderemos observar atentamente nas 65 questões a habilidade lógica e verificar a capacidade de analisar vários elementos da realidade da convivência humana de uma época em que a cristandade europeia começa a ter consciência de si mesma até os inícios do Renascimento.

Questão	Tema
57-80	**A justiça**
57-60	A justiça em si
57	Objeto da justiça: o direito
58	Definição da justiça
59	A injustiça
60	Julgamento, ato da justiça
61	**Partes da justiça**
62	**Restituição, exigência da justiça comutativa**
63-67	**Faltas contra a justiça**
63	Contra a justiça distributiva
64	Contra a justiça comutativa
64	Contra a vida
65	Contra a integridade pessoal
66	Contra os bens da pessoa: furto e rapina
67-71	Injustiças no domínio judiciário
67	Cometidas pelo juiz
68	Na acusação
69	Pelo réu

Aquino: sabedoria e arte de questionar, verificar, debater e dialogar – Chaves de leitura da Suma de Teologia. São Paulo: Paulus, 2012, p. 602-604.

70	Pela testemunha
71	Pelo advogado
72-76	Injustiças de falso testemunho na vida corrente
72	Contumélia
73	Difamação
74	Murmuração
75	Zombaria
76	Maldição
77-78	Injustiças nos intercâmbios e negócios
77	Fraude
78	Usura
79	Partes integrantes
80	Partes potenciais
81-100	**Virtude de religião (potencial ou anexa à justiça)**
81	**Religião em si**
82-91	**Os atos da religião**
82	A devoção
83	A oração
84	A adoração
85	Os sacrifícios
86	As oblações e primícias
87	Os dízimos
88	O voto
89	O juramento
90	A adjuração
91	O uso do nome de Deus no louvor

Questão	Tema
92-100	**Faltas contra a religião**
92	A superstição
93	Superstição de culto indevido ao Deus verdadeiro
94	Idolatria
95	Superstição divinatória
96	Práticas supersticiosas
97	A tentação de Deus
98	O perjúrio
99	O sacrilégio
100	A simonia
101-122	**Virtudes sociais (potenciais ou anexas à justiça)**
101	**Virtude de piedade**
102	**Virtude de respeito**
103	**Virtude de dulia**
104	**Virtude de obediência**
105	Vício oposto: desobediência
106	**Virtude de agradecimento ou gratidão**
107	Vícios opostos: ingratidão
108	A vingança
109	**Virtude da verdade ou veracidade**
110	Vícios opostos: mentira
111	Simulação e hipocrisia
112	Jactância
113	Ironia (exagero em inferiorizar-se em palavras)
114	**Virtude de amizade ou afabilidade**

115	Vícios opostos: adulação
116	Contestação
117	**Virtude de liberalidade**
118	Vícios opostos: a avareza
119	A prodigalidade
120	**Virtude de epiqueia (equidade)**
121	Dom de piedade
122	Preceitos sobre a justiça

Em Santo Tomás, portanto, a justiça é concebida como uma virtude que habilita o homem a viver bem e em harmonia na sociedade. Enquanto uma virtude cardeal por excelência, ela ordena as ações humanas nas relações sociais, procurando uma forma de ajustamento entre os membros de uma coletividade.

Dito de um modo mais atualizado, podemos compreender, à luz do aquinate, que o sentido da justiça se constitui e se afirma primordialmente como o sentido do outro. Este surge e há de ser reconhecido hoje, não apenas na sua diferença do eu que o considera, mas também na sua originalidade singular, no seu valor incomparável de ser humano.

3
Principais fontes do magistério pontifício social: de Leão XIII a Francisco

As intervenções da Igreja no campo da realidade social sucederam-se ininterruptamente desde os primeiros séculos do cristianismo até os nossos dias. O impacto do Evangelho com as diversas culturas e os diversos modelos de sociedade vêm impulsionando as comunidades cristãs a se medirem com os complexos problemas vinculados à estrutura da convivência humana e a tomar posição diante das ideologias e das instituições por meio das quais se articula a vida social.

Somente na época moderna, graças ao advento da sociedade industrial, pôs-se em andamento uma formulação mais completa do magistério social com o nascimento da chamada Doutrina Social da Igreja (PIANA, 1997, p. 249). Ela não se contenta unicamente em oferecer uma plataforma formal de valores e enfrentar no terreno ético questões críticas de particular relevância, mas tende a produzir um autêntico corpo de princípios doutrinais e orientações operacionais para guia do comportamento dos cristãos nos diversos setores da vida associada; vale dizer, tende a articular uma visão global própria da sociedade, fornecendo ao mesmo tempo as diretrizes concretas para poder levá-las a cabo.

Embora saibamos que o Concílio Ecumênico Vaticano II, e de modo particular na Constituição Pastoral *Gaudium et Spes*[45], tenha inovado profundamente no que tange à relação da Igreja com a sociedade, ao oferecer uma visão propriamente positiva da vocação histórica da pessoa, em comunhão com Deus a partir da sua condição de ser situado, reconhecemos nesse acontecimento eclesial uma verdadeira afirmação da dignidade da pessoa humana, chamada a realizar o desígnio salvífico de Deus na sua condição pessoal e comunitária.

Em linhas gerais costuma-se remontar à promulgação da *Rerum Novarum*, de Leão XIII (1891), a gênese da conhecida Doutrina Social da Igreja (DSI), apesar da existência a esse respeito de antecedentes históricos de notável interesse, tanto da Igreja universal como das Igrejas particulares. Queremos, nesse sentido, apresentar os principais documentos, fontes e ensinamentos do clássico magistério pontifício sobre a DSI.

3.1 *Rerum Novarum*, de Leão XIII

Ela foi a primeira encíclica social promulgada por Leão XIII, no dia 15 de maio de 1891, e retrata inicialmente a situação de infortúnio e de miséria imerecida da classe operária. Pretende-se aqui fazer apenas algumas reflexões sobre o sentido histórico e seu contexto de surgimento, ao invés de abordar as ideias gerais que podem ser compreendidas em uma leitura mais analítica.

---

45. Aqui nos referimos de modo particular aos n. 11-22 da *GS*. Não faremos uma apresentação específica sobre a *GS*; contudo, enfatizamos que o Concílio Ecumênico Vaticano II é o evento eclesial que fará uma verdadeira apresentação sistemática do conteúdo fundamental do que em moral social chamamos a dignidade da pessoa humana. Reconhecemos que os papas posteriores ao Concílio se esforçarão ao máximo para desdobrar e prolongar essa ideia essencial que pode ser encontrada na *GS*.

O próprio texto da *RN* tem sua motivação. Diz o pontífice:

> [...] o século passado destruiu, sem as substituir por coisa alguma, as corporações antigas, que eram para eles uma proteção; os princípios e o sentimento religioso desapareceram das leis e das instituições públicas e, assim, pouco a pouco, os trabalhadores, isolados e sem defesa, têm se visto, com o decorrer do tempo, entregues à mercê de senhores desumanos e à cobiça de uma concorrência desenfreada. A usura voraz veio agravar ainda mais o mal. Condenada muitas vezes pelo julgamento da Igreja, não tem deixado de ser praticada sob outra forma por homens ávidos de ganância e de insaciável ambição. A tudo isso deve se acrescentar o monopólio do trabalho e dos papéis de crédito, que se tornaram o quinhão de um pequeno número de ricos e de opulentos, que impõem um jugo quase servil à imensa multidão dos proletários [...] (PAPA LEÃO XIII, 2008, n. 5-6).

O modelo de sociedade pensado e concebido por Leão XIII nessa encíclica é inspirado no ensinamento de Cristo, que também se caracterizou por um incentivo à renovação do pensamento tomista, fundamental no que se refere a um retorno amadurecido e aprofundado das teses de Santo Tomás sobre o tratado da justiça e as suas implicações no mundo moderno.

O que precedeu a redação da *RN* foi o contexto de profundas mudanças na concepção de sociedade, de Estado e de autoridade. No campo econômico apareceu uma nova forma de propriedade (o capital) e uma nova forma de trabalho: o trabalho assalariado (MIFSUD, 1994, p. 48). Nesse delicado horizonte o trabalhador tendia a se tornar uma mercadoria cujo preço era regulado pela lei da oferta e da demanda, sem ter em conta o mínimo necessário para o seu sustento e o de sua família. Foi nessa situação polarizada entre o capital e o trabalho que Leão XIII interveio com sua encíclica para tratar de forma orgânica sobre a questão do trabalho, insistindo que a paz se edifica sobre o fundamento da justiça.

Em sua densidade e concisão, estas linhas são talvez o melhor resumo da situação social do século XIX. Infelizmente, com pequenas atualizações terminológicas, elas retratam também a situação de países que, como o Brasil, encontram-se na mesma fase de evolução do capitalismo. Leão XIII, já em suas encíclicas *Immortale Dei*, de 1885, e *Libertas*, de 1888, denunciara o liberalismo individualista pela perversão do conceito de liberdade; perversão que permite e incentiva a destruição de estruturas sociais fundadas na justiça, o que deixou ao desamparo a imensa multidão dos proletários.

O contexto de posicionamento de Leão XIII na *RN*, a "questão dos trabalhadores", é fruto da consciência social que a tempos vinha se afirmando em setores da sociedade e da própria Igreja. Frente ao materialismo filosófico do liberalismo e do marxismo, a Igreja toma a iniciativa e reafirma o primado da filosofia espiritualista cristã. Uma verdadeira visão cristã vem neutralizar certa ideologia do capitalismo e do socialismo (SORGE, 2017, p. 39).

Pode-se dizer que os primeiros parágrafos da encíclica apresentam uma descrição dramática dos problemas sociais da época. A análise assume elementos políticos, econômicos, sociais e morais. A encíclica reflete do início ao fim um metódico e preciso pensamento que confere ao texto uma reflexão teológica e uma análise social (CARRIER, 1993, p. 77). Leão XIII, de um certo modo, dá uma resposta cristã às dramáticas transformações sociais e às necessidades humanas.

Na *RN* o pontífice alertava para as graves consequências dos dois sistemas que já, como correntes ideológicas, assediavam a consciência católica: o liberalismo capitalista exaltava a liberdade ao preço de uma imensa iniquidade social; o coletivismo socialista reivindicava a igualdade ao preço de um sacrifício intolerável da liberdade. Estavam traçadas coordenadas dentro das quais iria se desenvolver a Doutrina Social da Igreja. Entretanto, a *RN* não se limitou a descartar os extremos inaceitáveis; ela foi pioneira na defesa da urgência do que hoje se chama de uma política social como dever do Estado e como direito dos trabalhadores.

De um modo geral, o contexto desse documento é a consolidação do liberalismo na atividade econômica e a classe burguesa como detentora do poder político. A classe operária é um contingente enorme de indivíduos saídos da atividade rural e se adequando a uma nova forma de atividade econômica nas indústrias de transformação, nas quais se aplicam os avanços científico-técnicos na produção de bens industriais.

Para Ávila (1991, p. 391), a mensagem central da *RN* não foi devidamente compreendida; isto é, a ideia de que o socialismo impôs um rápido controle econômico centralizado na burocracia estatal, e o liberalismo aceitou programas de planejamento econômico, mas nem um nem outro se preocupou em implementar uma consistente política social. Ambos os sistemas sucumbiram à ilusão de que o desenvolvimento social seria uma consequência gradativa e automática do desenvolvimento econômico.

O texto possui uma lógica ou itinerário, fruto de seu contexto histórico: dos n. 1-6 o papa lembra as consequências que a exploração da mão de obra em indústrias têxteis e outras acarreta para a vida familiar e a religiosidade dos trabalhadores; dos n. 7-23 refuta as principais soluções socialistas em voga na época; dos n. 24-45 apresenta a visão e o direito da Igreja nesse contexto; dos n. 46-54 apresenta o posicionamento do Estado diante da situação; isto é, no que toca a intervir nas questões sociais. Um dos temas polêmicos, presente na encíclica, é o da defesa à propriedade privada (VIDAL, 1999, p. 385-395). Mais do que defendê-la, Leão XIII também faz uma crítica ao sistema capitalista da época, afirmando que não basta substituir um sistema pelo outro.

Em suma, uma leitura aprofundada da *RN* possibilita encontrar ao menos cinco ideias-chave – direito – que representam a herança desse pensamento social no final do século XIX, que emergia no pontificado de Leão XIII. São elas:

> 1) O *direito à propriedade privada* como meio de possuir o necessário para o desenvolvimento pessoal e familiar, sem por ele constituir um direito absoluto, já que se complementa com o princípio do destino universal dos bens. 2) O *direito natural da possibilidade de criar associações profissionais e sindicatos*. 3) Os *direitos dos trabalhadores* à limitação das horas de trabalho, ao legítimo descanso e a um modo distinto no trato das crianças e das mulheres em relação ao tipo de trabalho e à sua duração. 4) O *direito ao salário justo*, que não pode ser reduzido a um livre-acordo entre as partes, porque o salário deve ser suficiente para o sustento do trabalhador e de sua família. 5). O *direito a cumprir livremente os próprios deveres religiosos*, no qual já encontramos em gérmen o princípio do direito à liberdade religiosa (VIDAL, 1999, p. 48-49).

3.2 *Quadragesimo Anno*, de Pio XI

A presente encíclica, promulgada por Pio XI no dia 15 de maio de 1931, é considerada uma encíclica social. No seu título já há uma indicação do que ela representa: uma reinterpretação da *RN*, quarenta anos depois da sua promulgação por Leão XIII em 1891 (PAPA PIO XI, 2020)[46]. Depois de quarenta anos e muitos debates sobre e pertinência da contribuição da *RN*, a encíclica *QA*, de Pio XI, reflete sobre a ordem social em conformidade com o Evangelho; contudo, em um contexto diferente dos tempos da *RN*.

---

46. Indicamos aqui a seguinte edição da Encíclica: PIO XI. *Carta Encíclica* Quadragesimo Anno – Sobre a restauração e o aperfeiçoamento da ordem social em conformidade com a lei evangélica [Disponível em http://www.vatican.va/content/pius-xi/pt/encyclicals/documents/hf_p-xi_enc_19310515_quadragesimo-anno.html – Acesso em 01/05/2020].

O contexto de época subjacente à encíclica *QN*, em uma visão panorâmica, poderia ser caracterizado do seguinte modo:

> O capitalismo, com seus princípios liberais, sofrera uma grave crise econômica, a de 1929, originada nos Estados Unidos, com graves consequências na Europa. Esta vivia o período às vésperas da Segunda Guerra Mundial (1939-1945) em sequência à anterior (a de 1914-1918), com movimentos fascistas radicais (nazismo) e utópicos: Revolução Socialista de 1917 na Rússia (SCUDELER, 2014, p. 81).

A encíclica é subdividida em três partes principais: a) os frutos da *RN*: a ação da Igreja, do Estado, dos trabalhadores e patrões; b) a autoridade da Igreja em matéria econômica e social no que se refere ao direito de propriedade, as relações entre capital e trabalho, a justa retribuição e a restauração da ordem social; c) as profundas mudanças trazidas por Leão XIII, a concentração e os abusos do sistema capitalista, a expansão do socialismo, um sistema inaceitável para os católicos. A encíclica é concluída apelando que os católicos se empenhem pela transformação da sociedade na justiça e na caridade.

Quando a *QA* foi escrita, e depois conhecida, a questão social havia mudado bastante. É certo que a questão do trabalho continuava um problema, até porque os limites desse conflito foram se tornando mais amplos. O confronto, no contexto da *QA*, não é somente entre as duas classes e entre as teses teóricas e abstratas das duas ideologias, mas entre os dois modelos distintos de estados nacionais nascidos na época em que ela foi escrita.

A *QA* tem como subtítulo "Sobre a restauração e o aperfeiçoamento da ordem social em conformidade com a lei evangélica", com o intuito de confirmar o ensinamento de Leão XIII, respondendo a algumas dúvidas, buscando desdobrar alguns pontos e também examinar os novos desenvolvimentos da economia para descobrir a raiz da crise social, propondo uma nova forma de restauração dos costumes.

O pensamento magisterial não só reafirma a missão da Igreja no campo social como também apresenta as razões que acredita ser necessárias para superar as contradições sociais. Sinteticamente, são as seguintes: a atividade econômico-social, enquanto atividade humana, deve-se conformar às regras morais (natureza e destino do ser humano), das quais a Igreja é depositária (*RN*, n. 29; *QA*, n. 47); a desordem social, por sua origem, resulta da irreligião e da laicização da vida pública (*QA*, n. 131); a desordem social, por suas consequências, repercute sobre o bem espiritual das almas (*QA*, n. 129, 134); a solução desse problema reclama uma transformação interior do ser humano, impossível sem o poder vivificante da graça (SCUDELER, 2014, p. 81).

Pio XI, com o objetivo de tratar a restauração da ordem social que se identifica com a instauração de uma nova ordem, na *QA* propõe seis princípios continuadores do projeto de Leão XIII, na *RN*. São eles:

> 1) Subsidiariedade entre os corpos sociais inferiores e a sociedade estatal e não concentração de tudo nas mãos do Estado; 2) cooperação entre as várias profissões, não luta de classe; 3) constituição, pelo impulso da política social, de corpos sociais profissionais, com direitos a eles próprios, como corporação que, se não são essenciais à sociedade, podem-se dizer, porém, naturais; 4) promoção do bem comum pelo Estado; 5) aceitação do princípio da justiça e da caridade social e abandono da simples e pura concorrência das forças; 6) cooperação internacional (MONDIN, 1997, p. 627).

Essas ideias podem ser constatadas na encíclica quando o próprio Pio XI, propondo um modelo destinado a reconstruir o tecido social, diante da feroz competição capitalista, a proposta socialista de luta de classes e a função do Estado, diz:

A cura só será perfeita quando a estas classes opostas se substituírem organismos bem constituídos, ordens ou profissões, que agrupem os indivíduos segundo as funções sociais que desempenham. Assim como as relações de vizinhança dão origem aos municípios, assim os que exercem a mesma profissão ou arte são, pela própria natureza, impelidos a formar associações ou corporações, tanto que muitos julgam estes organismos autônomos, se não essenciais, ao menos naturais à sociedade civil (PAPA PIO XI, 2020, n. 83).

Sabe-se que durante o pontificado de Pio XI na Europa se assistia a uma espécie de explosão dos nacionalismos e a formação dos futuros regimes totalitários: nazismo[47], fascismo e o comunismo[48]. Na Rússia, o comunismo já tinha conquistado o poder. O fascismo na Itália e o nazismo na Alemanha. Frente a essas ideologias o pontífice pensava em um modelo que pudesse traduzir os princípios religiosos e éticos do magistério social em uma forma de organização cristã da sociedade.

O modelo proposto por Pio XI para a restauração da "ordem social" ficou conhecido como corporativismo cristão (PAPA PIO XI, 2020, n. 87). De fato, consistia basicamente na redescoberta da grande função mediadora das corporações. Mas o papa não sucumbia à ingenuidade de pretender reconstruir a estrutura da sociedade medieval. Não se tratava de um transplante anacrônico, mas de uma adaptação dos corpos intermediários à realidade da sociedade industrial moderna. A estrutura corporativista sugerida

---

47. Em 14 de março de 1937, Pio XI publicou uma famosa encíclica (*Mit brennender Sorge*) contra o nazismo, denunciando as ideias que vão contra a doutrina cristã e o comportamento desumano.

48. Em 19 de março de 1937, Pio XI também publicou uma encíclica intitulada *Divini Redemptoris*, na qual explicitamente condena o comunismo. Bem mais longa e estruturada do que a *Mit brennender Sorge*, denuncia os erros e limites da doutrina comunista assumida pela Revolução Russa.

por Pio XI era baseada na livre-associação dos membros, incluindo a liberdade de participação e a liberdade de autorregulamentação.

Essa visão "corporativista" também era compreendida como um discurso em defesa de uma civilização cristã, entendida como terceira via. Sua intenção era dar vida a um ordenamento interno e internacional inspirado na justiça social, capaz de coordenar a atividade econômica com o bem comum, reconstruindo os corpos intermediários entre o Estado e o indivíduo com finalidades econômico-profissionais, segundo o tipo livre e espontâneo das corporações (SORGE, 2017, p. 54).

Desse modo, a ideia de um modelo de sociedade cristã, no contexto de uma restauração da ordem social, que pudesse viver uma forma de relação semelhante à que fundou o regime medieval de cristandade foi interpretada como um limite da encíclica, encontrando na ideia de corporativismo cristão a sua idealização.

3.3 *Mater et Magistra*, de João XXIII

A presente encíclica, promulgada pelo Papa João XXIII no dia 15 de maio de 1961, é considerada uma encíclica social. O pontificado desse pontífice foi posto sob o signo da união, da paz e do amor. Essa encíclica social até então era considerada a maior de todas já publicadas, contendo mais de mil palavras. Foi promulgada exatamente 70 anos depois da *Rerum Novarum*, em comemoração a ela e confirmando assim a sua importância.

O título *Mater et Magistra* indica sua centralidade: união através da supressão dos desequilíbrios, da atenuação dos contrastes (ÁVILA, 1991, p. 284). João XXIII, ao retomar o contexto e conteúdo de suas encíclicas anteriores: *RN* e *QA* (*As encíclicas sociais de João XXIII*, 1963), deu sua contribuição ao novo contexto de mundo pós-guerra, que ainda vivia tensões entre as principais potências mundiais da época.

João XXIII, na audiência concedida no dia 30 de novembro de 1960 ao corpo diplomático credenciado à Santa Sé, pronunciou o que pode ser considerado como o seu desejo em dar continuidade a um particular ensino social, na esteira dos seus predecessores. Disse ele:

> Propomo-nos celebrar o centésimo aniversário de um acontecimento de grande marca histórica: a publicação por Leão XIII, em 1891, da Encíclica *Rerum Novarum* sobre a condição dos trabalhadores; documento julgado também muito importante pelos nossos imediatos predecessores, Pio XI e Pio XII, que quiseram celebrar o quadragésimo e o quinquagésimo aniversários, o primeiro em 1931 com a Encíclica *Quadragesimo Anno*, cujas ressonâncias foram vastíssimas, e o segundo mediante uma radiomensagem, endereçada ao mundo inteiro na Festa de Pentecostes de 1941 [...]. Para celebrar dignamente a grande encíclica do Papa Leão XIII nós promulgaremos um documento que, acrescentando a nossa voz à dos nossos grandes predecessores, confirmará as constantes solicitudes da Igreja, orientando não mais apenas um ou outro ponto ou a ordem social, mas de um modo geral, como parece exigir os tempos em que vivemos (PAPA JOÃO XXIII, 1997, p. 640).

A *MM* é dividida em quatro partes principais: a) os ensinamentos da encíclica *RN* e os magistérios de Pio XI e Pio XII; b) os novos problemas das sociedades modernas e as respostas dadas pela Igreja; c) o subdesenvolvimento das nações e do mundo, os problemas demográficos e a necessidade de uma cooperação internacional; d) a doutrina da Igreja oferece a única solução permanente aos problemas sociais do mundo.

Essas quatro perspectivas da encíclica, longamente desenvolvidas, quiseram dar respostas às novas questões, apontando caminhos de superação: contrastes entre patrões e operários; contrastes entre os setores público e privado; contrastes entre regiões favorecidas e regiões subdesenvolvidas, contudo, então em dimensões mais planetárias. João XXIII em *MM* vê a tensão entre povos desenvolvidos e subdesenvolvidos em torno das disponibilidades do planeta[49].

Em linhas gerais, na *MM* o pontífice intervém sobre os grandes problemas sociais, econômicos e políticos do mundo contemporâneo, especialmente no que se refere às transformações no mundo industrial, os desequilíbrios entre o mundo industrial e o agrícola, a crescente distância entre os povos desenvolvidos e os em vias de desenvolvimento (*Mater et Magistra*, 2020, n. 3), a dimensão internacional dos problemas econômicos com inevitáveis reflexos sobre a paz, problema demográfico, a questão da descoberta da energia nuclear (n. 47) e muitas questões relacionadas à sociedade e à política.

Para Vito, a *MM* exprime um desenvolvimento e amadurecimento do que o magistério pontifício veio realizando, principalmente em situar todos os avanços sociais, políticos e culturais a partir de momentos históricos e políticos distintos; isto é, 1891, 1931 e 1961 (VITO, 1962, p. 15). O mundo ocidental estava vivendo etapas de evolução econômica que levariam a inúmeras consequências sociais, e João XXIII compreendeu esses processos. Mais do que se posicionar sobre um aspecto em particular, o pontífice captou o profundo impacto que o fator econômico estava ocasionando em esfera planetária.

João XXIII, em *MM*, compreende a questão social como um conjunto de problemas concretos suscitados pela transformação e os desequilíbrios da vida social. Há uma grande preocupação com uma verdadeira consciência social que leve os cristãos e as pessoas

---

49. Cf. *Mater et Magistra*, n. 56, 120, 154, 182, 197. Nesses números da encíclica pode-se perceber a vasta preocupação que João XXIII tem diante da visão mundial proporcionada pela ideia do progresso.

em geral a serem protagonistas num novo mundo em constantes transformações. A encíclica *MM* influenciará profundamente seu sucessor no pontificado, Paulo VI, mas também toda a reflexão a ser tratada no Concílio Vaticano II e também na fase pós-Concílio.

3.4 *Pacem in Terris*, de João XXIII

Esta encíclica de João XXIII, de 11 de abril de 1963, teve como escopo, como indica o próprio título, tratar sobre a paz na terra. Foi escrita praticamente dois anos depois da publicação de *Mater et Magistra*, no contexto do Vaticano II, e poucos meses antes de sua própria morte.

Sua redação exprime a circunstância de mundo da época, anos de 1960; isto é, dois anos depois da construção do Muro de Berlim e alguns meses depois da crise dos mísseis em Cuba, em meio à Guerra Fria. Esses singelos mas simbólicos acontecimentos históricos exprimem bem o clima da época. Pode, também, ser considerada a primeira encíclica que um papa direciona não só aos bispos e aos católicos, mas a todos os homens de boa vontade, com uma linguagem e estilo que podem ser lidos por pessoas de qualquer religião ou ideologia.

Segundo Sorge, *Pacem in Terris*, dois anos após *Mater et Magistra*, é o primeiro documento social que aplica o novo método indutivo. Diz ele:

> O ponto de partida não o constitui mais nos princípios teóricos do direito natural e da revelação, mas no reconhecimento do "sinal dos tempos". Certamente a palavra de Deus e o ensino do magistério seguem sendo sempre o ponto essencial de referência para "interpretar" os desafios postos à fé pelas transformações da sociedade e para iluminar as opções que se venha a tomar; porém, já não é o sentido dedutivo entendido como no passado, mas no contexto do novo método indutivo: ver, julgar e agir (SORGE, 2017, p. 77).

Nela, João XXIII busca enfatizar que, para o mundo chegar à paz, é necessário assumir quatro palavras que indicam quatro atitudes: a verdade, a justiça, o amor e a liberdade. O documento se estrutura a partir de cinco partes: a) a ordem entre os seres humanos: os direitos e os deveres de cada pessoa humana; b) as relações entre os indivíduos e os poderes públicos; c) as relações entre os estados; d) as relações dos indivíduos e das comunidades políticas no interior da comunidade internacional; e) orientações pastorais.

A busca pela paz, compreendida no contexto da verdade, da justiça, do amor e da liberdade, devem levar em consideração três características que influenciaram a época de sua publicação: a influência nova das classes trabalhadoras (*Pacem in Terris*, 2020, n. 40); o novo papel da mulher na sociedade (n. 41) e a aspiração geral de independência nacional (n. 42).

São sugestivas as palavras de João XXIII na própria encíclica:

> Todos devem estar convencidos de que nem a renúncia à competição militar, nem a redução dos armamentos, nem a sua completa eliminação, que seria o principal, de modo algum pode levar a efeito tudo isso se não se proceder a um desarmamento integral que atinja o próprio espírito; isto é, se não trabalharem todos em concórdia e sinceridade para afastar o medo e a psicose de uma possível guerra. Mas isso requer que, em vez do critério de equilíbrio em armamentos que hoje mantêm a paz, se abrace o princípio segundo o qual a verdadeira paz entre os povos não se baseia em tal equilíbrio, mas sim e exclusivamente na confiança mútua. Nós pensamos que se trata de objetivo possível, por tratar-se de causa que não só se impõe pelos princípios da reta razão, mas que é sumamente desejável e fecunda de preciosos resultados (*Pacem in Terris*, 2020, n. 113).

Em âmbito geral, *Pacem in Terris* exprime uma grande sensibilidade que João XXIII possui em sua relação de pastor universal da

Igreja em meio a um mundo em conflitos e confrontos vividos de modo muito explícito no Ocidente. Essa encíclica ganhou grande prestígio entre os Padres Conciliares reunidos no Concílio Vaticano II, principalmente quando faz o clamor pela paz.

Além de tratar sobre o tema da paz, central na encíclica, proveniente de uma verdadeira compreensão e vivência de justiça, de liberdade e do amor, o pontífice não só recorda o compromisso da Igreja com a humanidade e sua luta pela paz mundial, mas menciona no texto o significado da Declaração Universal dos Direitos do Homem, aprovada na Assembleia Plenária da ONU de 10 de dezembro de 1948 (*Pacem in Terris*, 2020, n. 141-142).

A ideia central da encíclica provém de sua concepção de ser humano e a sua dignidade, presentes no texto e na antropologia cristã. Para João XXIII, a paz em nível planetário só é possível se há um consenso em torno da condição da pessoa. Para ele,

> todo o ser humano tem direito natural ao respeito de sua dignidade e à boa fama; direito à liberdade na pesquisa da verdade e, dentro dos limites da ordem moral e do bem comum, à liberdade na manifestação e difusão do pensamento, bem como no cultivo da arte. Tem direito também à informação verídica sobre os acontecimentos públicos (*Pacem in Terris*, 2020, n. 12).

Se a paz é uma condição fundamental para que os povos possam viver o valor fundamental da convivência, esta necessita de colaboração em todos os campos da vida; ou seja, social, econômico, cultural e político. Essa dignidade inviolável da pessoa se exprime em termos de respeito aos direitos e deveres que a própria civilização vai reconhecendo. Diz João XXIII:

> As pessoas de qualquer parte do mundo hoje são cidadãs de um Estado autônomo ou estão para sê-lo. Hoje comunidade nenhuma de nenhuma raça quer estar sujeita ao domínio de outrem. Porquanto, em nosso tempo, estão superadas seculares opiniões que admi-

tiam classes inferiores de homens e classes superiores, derivadas de situação econômico-social, sexo ou posição política. Ao invés, universalmente prevalece hoje a opinião de que todos os seres humanos são iguais entre si por dignidade de natureza. As discriminações raciais não encontram nenhuma justificação, pelo menos no plano doutrinal. E isto é de um alcance e importância imensa para a estruturação do convívio humano segundo os princípios que acima recordamos. Pois, quando numa pessoa surge a consciência dos próprios direitos, nela nascerá forçosamente a consciência do dever: no titular de direitos, o dever de reclamar esses direitos, como expressão de sua dignidade; nos demais, o dever de reconhecer e respeitar tais direitos (*Pacem in Terris*, 2020, n. 43-44).

Essa consciência social presente na encíclica explicita a grande sensibilidade de João XXIII para com as grandes questões que a civilização colocava nos inícios dos anos de 1960. Justifica-se ser chamado de "papa bom", profundamente humano e promotor da paz. Sua encíclica foi muito bem-acolhida e apreciada em nível mundial, constituindo um verdadeiro testamento espiritual que ele quis confiar à Igreja e à humanidade.

3.5 *Populorum Progressio*, de Paulo VI

A Encíclica *Populorum Progressio*, do Papa Paulo VI, promulgada no dia 26 de março de 1967, coloca-se também entre os grandes escritos do magistério pontifício no que se refere à moral social. Promulgada praticamente quase dois anos após a conclusão do Concílio Vaticano II, ela se situa na esteira das encíclicas dos pontífices precedentes, mas sobretudo de João XXIII e dos documentos e decretos do próprio Concílio.

Paulo VI era considerado um homem culto, um fino letrado, um homem de espírito aberto ao diálogo, sensível aos problemas da Igreja e do mundo contemporâneo, da cultura e da sociedade.

Ele se identificou com os desejos de João XXIII de renovação da Igreja, dedicando-se ativamente na preparação do Concílio e foi participante ativo nas sessões plenárias. Desde os primeiros momentos como papa procurou levar a termo o Concílio, devido a morte do seu predecessor, promovendo a justiça social na linha das grandes encíclicas: consolidar a paz e colaborar na união de todos os cristãos (ÁVILA, 1991, p. 341-342).

A Encíclica é dedicada à cooperação entre os povos e ao problema dos países em desenvolvimento. Nela há uma nítida contribuição pontifícia e eclesial nas questões sociais em nível global; na *PP* Paulo VI capta a grande aspiração universal dos povos contemporâneos em busca de um desenvolvimento que se coloca como desafio para a reflexão e a ação cristã. Também na *PP* assume-se a ideia de que os problemas sociais se transformam em uma dimensão mundial[50] – certamente uma influência do Concílio Vaticano II.

Em visitas aos países em vias de desenvolvimento e às Nações Unidas, Paulo VI pôde observar a situação das nações, refletir e falar sobre o tema do desenvolvimento de um modo mais palpável e indutivo – como atesta Carrier – quando retoma a sensibilidade montiniana, fruto dessas viagens, mas também dos inúmeros encontros e diálogos antes e durante as sessões conciliares. Diz ele:

> Antes do nosso chamado ao supremo pontificado, duas viagens, na América Latina (1960) e na África (1962), tinham nos colocado em contato imediato com os lacerantes problemas que afligiam continentes plenos de vida e de esperança. Revestidos da paternidade universal, podemos, no curso de novas viagens à Terra Santa e à Índia, ver com os nossos olhos e quase tocar com as mãos as gravíssimas dificuldades que assolam povos da antiga civilização, no contexto do desenvolvimento. Enquanto ocorria em Roma o Concílio Ecumênico

---

50. Esta ideia pode ser perceptível em *Mater et Magistra*, de João XXIII, e também, no Concílio Vaticano II, na Constituição Pastoral *Gaudium et Spes*, n. 63.

Vaticano II, circunstâncias providenciais nos levaram a nos dirigir diretamente à Assembleia Geral das Nações Unidas. E diante desse vasto areópago, fazemo-nos o advogado dos povos pobres (CARRIER, 1993, p. 154).

Logo no início da Encíclica, Paulo VI destaca o sentido de tratar acerca do desenvolvimento dos povos. Diz ele:

> O desenvolvimento dos povos, especialmente daqueles que se esforçam por afastar a fome, a miséria, as doenças endêmicas, a ignorância; que procuram uma participação mais ampla nos frutos da civilização, uma valorização mais ativa das suas qualidades humanas; que se orientam com decisão para o seu pleno desenvolvimento, é seguido com atenção pela Igreja. Depois do Concílio Ecumênico Vaticano II, uma renovada conscientização das exigências da mensagem evangélica traz à Igreja a obrigação de se pôr a serviço dos homens, para ajudá-los a aprofundarem todas as dimensões de tão grave problema e para convencê-los da urgência de uma ação solidária neste virar decisivo da história da humanidade (*Populorum Progressio*, 2020, n. 1).

O método de análise e reflexão, nas entrelinhas da encíclica *PP*, é o indutivo, seguindo a trilha da *Pacem in Terris*, de João XXIII, e do Vaticano II, quando se parte da teologia dos "sinais dos tempos", *locus* privilegiado do diálogo com a cultura, a história e as realidades terrestres. Essa encíclica amplia o capítulo III da parte II da *Gaudium et Spes*, que trata da vida econômico-social; traça as coordenadas de um desenvolvimento integral e solidário do ser humano e aponta para a noção de desenvolvimento, além do âmbito tecnológico, como passagem de condições menos humanas para condições mais humanas. Inclui ainda a aquisição da cultura como elemento importante para a construção de um mundo melhor.

A *PP* possui um contexto histórico muito amplo (OTTAVIANI, 2018, p. 15-35); contudo, suas ideias mestras marcaram profundamente tanto o pensamento social cristão como também seus sucessores no pontificado. Para Scudeler, a *PP* quis ser como que um manifesto que incitasse à ação, mas parece ter resultado da tomada de consciência de três verdades: a) a Igreja, em sua missão temporal, não pode realizá-la se os cristãos não atuarem direta e concretamente; b) a ação no campo social não é monopólio da Igreja, os modos de empreendê-la quase sempre escapam a uma determinação da hierarquia e da comunidade eclesial como tal (*GS*, n. 76); c) a comunidade eclesial e a hierarquia não realizarão sua missão própria se não fizerem todo o possível para alcançarem de modo eficaz que os cristãos, e todos os homens, deem um passo efetivo para essa ação concreta como fermento na massa (*GS*, n. 40) (SCUDELER, 2014, p. 85).

Composta por uma introdução (n. 1-5), duas partes (a primeira, n. 6-42; a segunda, n. 43-80) e um apelo final (n. 81-87), a *PP* afirma que o desenvolvimento dos povos é acompanhado com atenção pela Igreja (*Populorum Progressio*, 2020, n. 1). Esta, atenta à universalidade da questão social, ouve o grito "dos povos da fome" dirigido de forma dramática "aos povos da opulência" (n. 3). Em sua atuação pastoral, a Igreja passou então a ser, na ONU, a advogada dos povos pobres, ao criar a Comissão de Justiça e Paz, cuja finalidade é a de contribuir com a causa dos povos em desenvolvimento, uma vez que a verdadeira paz passa pela realização da justiça social em todas as nações.

Dentre os inúmeras temas e questões que Paulo VI trata na Encíclica, o do desenvolvimento dos povos é central no sentido de que ele é o novo nome da paz quando favorece um verdadeiro humanismo. Este desenvolvimento não se reduz a um simples crescimento econômico, mas deve ser integral, "promovendo todos os homens e o homem todo" (*Populorum Progressio*, 2020, n. 14). Para ele, não se pode falar de uma humanidade desenvolvida quando há centenas de milhões de pessoas privadas dos benefícios desse mesmo desenvolvimento. Assim, ainda há várias possibilidades de interpretações que a *PP* pode proporcionar aos contemporâneos como também ao magistério pontifício posterior.

3.6 *Octogesima Adveniens*, de Paulo VI

A Carta Apostólica *Octogesima Adveniens* de Paulo VI, publicada no dia 14 de maio de 1971, assim como as anteriores, insere-se no elenco dos grandes documentos do magistério pontifício no campo da moral social. É um texto comemorativo dos 80 anos da encíclica de Leão XIII *Rerum Novarum*. Trata sobretudo do compromisso sociopolítico dos cristãos.

Inicialmente ela se endereçava ao Cardeal Mauricio Roy, presidente do Conselho dos Leigos e da Pontifícia Comissão Justiça e Paz. Depois de uma extensa introdução o Papa Paulo VI apontou a intenção da carta de continuar e ampliar os ensinamentos em matéria de doutrina social apresentados por seus antecessores após a *RN*. Nela se reconhece a sensibilidade cada vez maior em busca de mais justiça, não só no meio das comunidades cristãs, mas também no mundo inteiro. Considera que a principal causa dos problemas sociais é a desigualdade.

OA é uma atualização da doutrina da Igreja a respeito dos problemas mais recentes, até as ideologias. Entre esses novos problemas Paulo VI analisa particularmente aqueles que se referem à urbanização, ao consumismo, à situação dos jovens, ao papel da mulher, à discriminação racial, à explosão demográfica, às comunicações sociais e aos problemas ambientais. Além desses, o pontífice analisa algumas novas tendências do tempo, como a busca ou a aspiração por uma maior igualdade e participação social, a transformação do marxismo e das ideologias liberais, a necessidade de um desenvolvimento para todos.

Essa carta apostólica está estruturada do seguinte modo: introdução (n. 1-7); primeira parte: "Novos problemas sociais" (n. 8-21); segunda parte: "Aspirações fundamentais e correntes de ideias" (n. 22-47); terceira parte (conclusão): "Apelo à ação" (n. 48-52). Embora essa carta apostólica demonstrasse ser uma posição do magistério pontifício ao tema da justiça, em maio de 1971, não se pode negar que esse tema ainda apareceu com toda a força no sínodo para os bispos convocado pelo próprio Paulo VI em setembro-outubro do mesmo ano[51].

Tanto como a *Pacem in Terris* e a *Populorum Progressio*, a *Octogesima Adveniens* assume uma perspectiva indutiva de reflexão ao compreender que há várias e novas situações dos cristãos no mundo que exigem discernimentos e respostas próprias (*Octogesima Adveniens*, 2020, n. 3). De fato, é difícil para a Igreja oferecer uma solução única diante de tantas realidades novas. Para Paulo VI, trata-se de assumir a comunhão eclesial em colaboração com todos os homens de boa vontade, vista como orientações para a ação. Ele mesmo diz:

---

51. Nesse sentido, basta ler e analisar o discurso do Papa Paulo VI por ocasião do encerramento da II Assembleia Ordinária do Sínodo dos bispos, ocorrida no dia 6 de novembro de 1971. Ele diz: "[...] O outro grande tema, confiado às discussões deste Sínodo, diz respeito à justiça no mundo contemporâneo. Das intervenções que fizestes durante o Sínodo, é evidente a vastidão desse campo de ação, assim como as numerosas e graves dificuldades que ele encerra. Esse assunto já foi tratado longamente pelo II Concílio Ecumênico do Vaticano; e nós próprios tratamos dele em muitas ocasiões, sobretudo na Encíclica *Populorum Progressio*. Se também propusestes discutir o mesmo tema, certamente não tínheis a intenção de dar uma resposta exaurida a complexas questões como estas em tão breve espaço de tempo, mas testemunhastes que a Igreja, no dificílimo momento histórico que atravessamos, adverte claramente o dever de envidar um novo esforço para instaurar uma justiça mais perfeita entre os homens, não só adquirindo maior conhecimento das atuais necessidades do mundo e dando, ela própria, exemplo de justiça, mas também dedicando as suas solicitudes aos pobres e aos oprimidos, educando as consciências à ação para a justiça social e, enfim, promovendo e realizando iniciativas de todos os gêneros, em favor dos desprotegidos, iniciativas que sejam o testemunho visível da sua caridade no mundo e sirvam de estímulo para os outros enveredarem pelo mesmo caminho" [Disponível em http://www.vatican.va/content/paul-vi/pt/speeches/1971/november/documents/hf_p-vi_spe_19711106_chiusura-sinodo.html – Acesso em 04/05/2020].

Perante situações, assim tão diversificadas, torna-se difícil tanto pronunciar uma palavra única como propor uma solução que tenha um valor universal. Mas isso não é ambição nossa, nem mesmo a nossa missão. Às comunidades cristãs cabe analisar, com objetividade, a situação própria do seu país e procurar iluminá-la, com a luz das palavras inalteráveis do Evangelho; a elas cumpre haurir princípios de reflexão, normas para julgar e diretrizes para a ação, na doutrina social da Igreja, tal como ela vem sendo elaborada no decurso da história, e, especialmente, nesta era industrial, a partir da data histórica da mensagem de Leão XIII sobre "a condição dos operários", da qual nós temos a honra e a alegria de celebrar hoje o aniversário. A essas comunidades cristãs incumbe discernir – com a ajuda do Espírito Santo, em comunhão com os bispos responsáveis e em diálogo com os outros irmãos cristãos e com todos os homens de boa vontade – as opções e os compromissos que convêm tomar para realizar as transformações sociais, políticas e econômicas que se apresentam como necessárias e urgentes, em não poucos casos. Nessa procura diligente das mudanças a promover, os cristãos deverão, antes de mais nada, renovar a sua confiança na força e na originalidade das exigências evangélicas. O Evangelho, de fato, não está ultrapassado pela circunstância de ter sido anunciado, escrito e vivido num contexto sociocultural diferente. A sua inspiração, enriquecida pela experiência vivente da tradição cristã, ao longo dos séculos, permanece sempre nova, em ordem à conversão dos homens e ao progresso da vida em sociedade, sem que por isso se possa chegar a utilizá-la em favor de opções temporais particulares, esquecendo a sua mensagem universal e eterna (*Octogesima Advenies*, 2020, n. 4).

Paulo VI, como se percebe na *OA*, n. 4, admite que o novo contexto mundial é marcado por uma certa pluralidade de perspectivas que exigem análises distintas, não permitindo palavras definitivas. Essa sensibilidade advinda de diálogos e consultas entre os bispos exprime a efervescência da cultura ocidental no final dos anos de 1960 e início dos anos de 1970, a partir dos efeitos de movimentos sociais, a fermentação teológica com as teologias indutivas ou particulares (MONDIN, 1997, p. 643)[52], que de um certo modo apresentam novas interpretações e suas complexidades.

Na *OA* o pontífice pedia à Comissão Pontifícia Justiça e Paz para que trabalhasse no sentido de ajudar as diversas instâncias da comunidade eclesial a assumir as responsabilidades em dupla função: iluminar os espíritos em sua atuação social e empenhar-se na ação de difundir as forças do Evangelho. É pertinente a nós, ainda hoje, o apelo que Paulo VI fez, devido à sua atualidade. Diz ele:

> Diante de tantas questões novas a Igreja procura fazer um esforço de reflexão para poder dar uma resposta, no seu campo próprio, à expectativa dos homens. Se os problemas hoje, por um lado, apresentam-se como originais, dada a sua amplitude e a sua urgência, será que, por outro, o homem se acha desprovido para resolvê-los? A Doutrina Social da Igreja, com toda a sua dinâmica, acompanha os homens em tal busca diligente. Se ela não intervém para autentificar uma estrutura estabelecida ou para propor um modelo pré-fabricado, também não se limita a recordar alguns princípios gerais. Ao contrário, ela é algo que se desenvolve por meio de uma reflexão que é feita em permanente contato com as situações deste mundo, suscetíveis de mudanças, sob o impulso do Evangelho, qual fonte de renovação, enquanto a sua mensagem é aceita na sua totalidade e nas suas exigências (*Octogesima Adveniens*, 2020, n. 42).

De um modo geral, a *OA*, escrita depois de 80 anos da *RN*, de Leão XIII, diante das novas demandas sociais, é um texto que

---

52. Para Mondin, todo o pontificado de Paulo VI foi marcado por uma série de controvérsias e leituras teológicas novas, que de um certo modo se distanciava da escolástica enquanto muito especulativa e distante da realidade, com o aparecimento das teologias da práxis, política e da libertação. Elas, de fato, introduziram novos métodos e linguagens, com novas interpretações cristológicas, eclesiológicas e morais.

traz uma característica de motivação aos cristãos para que se empenhem com novas formas institucionais de convivência humana. Pela primeira vez, um texto do magistério pontifício falou sobre o tema da urbanização (*Octogesima Adveniens*, 2020, n. 8-12), já que a maioria das pessoas estava vivendo nas cidades.

O tema do meio ambiente (*Octogesima Adveniens*, 2020, n. 21), embora tratado de modo muito sintético e sem um aprofundamento analítico, já demonstrava uma certa preocupação enquanto objeto de estudo da moral social. Ainda para Paulo VI, a adesão de cristãos aos sistemas ideológicos ou políticos que se opõem radicalmente à vida – o marxismo, o materialismo ateu e a ideologia liberal (*Octogesima Adveniens*, 2020, n. 26-35) –, que negam a transcendência do homem em seu aspecto pessoal e coletivo, deve ser rechaçada, já que esses sistemas apregoam uma maior conflitualidade entre os povos, em detrimento da tão almejada paz e justiça.

Enfim, na parte conclusiva dessa carta apostólica, Paulo VI trata sobre a legitimidade do pluralismo reinante no campo socioeconômico em meio às várias possibilidades de convivência (*Octogesima Adveniens*, 2020, n. 50). Pede aos cristãos um esforço de compreensão recíproca das posições e das motivações uns dos outros, sugerindo que a caridade deve ser um ponto de unidade para as novas abordagens diante das várias possibilidades de viver e se organizar.

3.7 *Laborem Exercens*, de João Paulo II

A Carta Encíclica *Laborem Exercens*, do Papa João Paulo II, foi promulgada no dia 14 de setembro de 1981 e está em continuidade ao magistério social dos seus predecessores. É a primeira encíclica social das três grandes do respectivo pontífice, mas que se somam a uma série de posicionamentos e discursos no que tange à moral social. No próprio título já se exprime o seu objetivo geral: comemorar o 90º aniversário da *Rerum Novarum*. Essa ocasião foi um grande motivo para o pontífice explicitar a visão cristã do trabalho e sua importância.

Nos anos de 1980 havia uma ameaça de recessão mundial no lado capitalista e das reivindicações de participação no socialista, caracterizado pelo Movimento Solidariedade. O papa desejava se posicionar sobre o tema do trabalho, renovando a inspiração da *RR*, de Leão XIII, a partir dos temas envolvidos diretamente com ele, tais como: o trabalho e o homem; o conflito entre capital e trabalho; os direitos dos trabalhadores e a espiritualidade do trabalho (CARRIER, 1993, p. 169).

Com esse texto, João Paulo II quis se dirigir ao homem que trabalha, mais do que ao trabalho mesmo, colocando em evidência a função antropológica e até soteriológica do trabalho; em última instância, o trabalho contribui para a realização da pessoa e da própria salvação (*Laborem Exercens*, 1991, Introdução). A dimensão antropológica e personalista será uma marca própria do seu pontificado.

Para Sorge, as três encíclicas sociais de João Paulo possuem um estilo e linguagem próprias. Diz ele:

> Nas encíclicas sociais de João Paulo II se percebe como a Igreja deixa de prestar tanta atenção aos sistemas políticos e econômicos para prestar mais atenção ao homem; como se desinteressa do aspecto quantitativo dos problemas para se interessar pelo seu aspecto qualitativo. Hoje, a preocupação preponderante do "discurso social" da Igreja é restituir seu significado aos valores em crise (a vida, a família, o trabalho), conferir uma alma ética à nova sociedade, infundir aos novos pobres da sociedade do bem-estar a esperança de um futuro melhor (SORGE, 2017, p. 80).

Pode-se dizer que para João Paulo II, e também para seu sucessor Bento XVI, o importante em moral social, em resposta aos desafios éticos fundamentais do nosso tempo, é o anúncio profético do evangelho da vida, o evangelho do trabalho e o evangelho da caridade em detrimento de crises culturais que se impõem sobre a cultura cristã.

A encíclica *LE* possui uma estrutura muito simples: Proêmio explicativo do título; I) Introdução (n. 1-3); II) O trabalho e o homem (n. 4-10); III) O conflito entre trabalho e capital na fase atual da história (n. 11-15); IV) Direitos dos homens ao trabalho (n. 16-23); V) Elementos para uma espiritualidade do trabalho (n. 24-27).

O pontífice trata do trabalho a partir da condição antropológica, como condição central da condição humana. Para ele, não compete à Igreja, de modo particular, efetuar uma análise científica das situações em mudança no mundo do trabalho; seu papel, diz João Paulo II, consiste em defender com todas as forças a dignidade (*Laborem Exercens*, 1991, n. 1) daqueles que trabalham, garantindo o básico para sua sobrevivência.

Ao longo do último século e das últimas décadas tem-se observado um desenvolvimento orgânico da Doutrina Social da Igreja; e à luz do Evangelho tem-se descoberto, com pesquisas incansáveis, os novos significados do trabalho do homem, um tema muito caro para a moral social. Essa longa tradição, que busca favorecer a justiça social, abriu um caminho para uma imponente cooperação que mobilizou os papas, o Concílio Vaticano II, os bispos, os centros sociais e a Pontifícia Comissão da Justiça e Paz (*Laborem Exercens*, 1991, n. 2). Desse modo, não se pode falar do homem e do trabalho sem associá-los à busca pela justiça e paz entre os povos.

Para João Paulo II, o trabalho do homem se manifesta como a chave da questão social (*Laborem Exercens*, 1991, n. 3). A doutrina da Igreja, que brota da Escritura e do ensino tradicional (n. 4-10), enriqueceu-se grandemente, através dos séculos, com o fato de que o trabalho não só traz alegria, mas torna o homem mais humano, em paz com ele e com todos, buscando a justiça social pela convivência.

3.8 *Sollicitudo Rei Socialis*, de João Paulo II

A segunda encíclica social de João Paulo II é intitulada *Sollicitudo Rei Socialis*, promulgada no dia 30 de dezembro de 1987. Trata sobre a solicitude social da Igreja, que tem como fim um desenvolvimento autêntico do homem e da sociedade, o qual respeite e promova a pessoa humana em todas as suas dimensões (*Sollicitudo Rei Socialis*, 1988, n. 1). Ela surge no contexto da celebração dos 20 anos da encíclica de Paulo VI *Populorum Progressio*, sobre o desenvolvimento dos povos, mas no horizonte dos meios de comunicação e na perspectiva sobre a questão da libertação dos povos.

A *SRS* possui, em seu todo, 48 números, estando organizada do seguinte modo: introdução (n. 1-4); novidade da encíclica – *Populorum Progressio* (n. 5-10); panorama do mundo contemporâneo (n. 11-26); o desenvolvimento humano (n. 27-34); uma leitura teológica dos problemas modernos (n. 35-40); algumas orientações particulares (n. 41-45); conclusão (n. 46-48).

Se a *LE* tinha como referência o conflito capital-trabalho, próprio das sociedades industriais, a *SRS* adota uma perspectiva muito mais universal e toma como objeto de debate o tema do desenvolvimento dos povos e o conflito entre Norte e Sul. Dentro deste horizonte não se pode esquecer de que se vive o que se chamou de "a década perdida" (BANCO MUNDIAL, 1990, p. 7) para muitos países do Terceiro Mundo.

Qual o contexto mais amplo e genérico da *SRS*? Após a crise da década de 1970, a aplicação de rigorosos planos de ajuste estrutural, inspirados pelo ressurgimento impetuoso do credo liberal, levou os países envolvidos a transições sérias. Foi o preço extremamente difícil pago para alcançar os equilíbrios macroeconômicos, que foram considerados uma condição prévia essencial para reiniciar os processos de desenvolvimento. Mas nos países afetados, o resultado não foi apenas a estagnação econômica e o aumento da pobreza, mas o crescente desespero (LARAÑA, 2005, p. 196).

Essa situação contrasta com a manutenção de taxas aceitáveis de desenvolvimento e bem-estar no Norte, onde a crise não parou de impressionar, mas encontrou países menos vulneráveis e com mais recursos para resistir aos seus efeitos mais perniciosos. Esse contraste, que constituiu um capítulo a mais do conflito Norte-Sul, deu a João Paulo II a ocasião de comemorar o vigésimo aniversário da primeira encíclica sobre desenvolvimento (*PP*), publicada por Paulo VI em 1967. Abriu uma frente sem precedentes na Doutrina Social da Igreja, que até então continuava mais confinada aos problemas das sociedades industriais ocidentais; e estava de acordo com as diretrizes do Concílio em sua constituição sobre a Igreja no mundo hoje (*GS*). Vinte anos depois, João Paulo II pretendeu rever todo esse problema, ciente de que as duas décadas que se passaram forneceram novos dados e novos elementos para reflexão e permitiram novas propostas de ação.

Foi na *SRS* que o magistério da Igreja, mediante João Paulo II, afirmou que o ensino social não constitui alternativa social como tampouco oferece um modelo social concreto. Segundo ele,

> a Doutrina Social da Igreja *não é* uma terceira via entre *capitalismo liberalista* e *coletivismo marxista*, nem sequer uma possível alternativa a outras soluções menos radicalmente contrapostas: ela constitui por si mesma uma *categoria*. Não é tampouco uma *ideologia*, mas a *formulação acurada* dos resultados de uma reflexão atenta sobre as complexas realidades da existência do homem na sociedade e no contexto internacional, à

luz da fé e da tradição eclesial. A sua finalidade principal é *interpretar* essas realidades, examinando a sua conformidade ou desconformidade com as linhas do ensinamento do Evangelho sobre o homem e sobre a sua vocação terrena e, ao mesmo tempo, transcendente; visa, pois, *orientar* o comportamento cristão. Ela pertence, por conseguinte, não ao domínio da *ideologia*, mas da teologia, e especialmente da *teologia moral*. O ensino e a difusão da doutrina social fazem parte da missão evangelizadora da Igreja. E, tratando-se de uma doutrina destinada a orientar o *comportamento das pessoas*, há de levar cada uma delas, como consequência, ao "empenhamento pela justiça" segundo o papel, a vocação e as circunstâncias pessoais (*Sollicitudo Rei Socialis*, 1988, n. 41).

Portanto, neste n. 41 da *SRS* se encontram duas palavras-chave que explicam a razão de ser do ensinamento social da Igreja: interpretar e orientar. O magistério social oferece uma interpretação da realidade histórica à luz da fé para orientar a ação do crente na sociedade.

Dentre as três grandes encíclicas sociais de João Paulo II, a *SRS* é a que melhor indica o sentido de uma Doutrina Social da Igreja no contexto da tradição da Igreja, com seu instrumento interpretativo e orientativo (SPIAZZI, 1992, p. 753). A grande contribuição dessa encíclica, para além dos mais variados temas presentes no seu interior, é o de uma definição e missão teológico-ética da doutrina social, em correspondência à evangelização, mas também a ideia de que um verdadeiro e integral desenvolvimento humano assume a libertação integral da pessoa[53].

---

53. João Paulo II, ao realizar uma releitura da ideia de desenvolvimento feita por Paulo VI (*PP*) retoma os seus elementos importantes, mas adicionando um ajustamento mais teológico, a partir das categorias da cristologia e do *proprium* teológico. Basta observar os n. 27-40.

Junto a essa preocupação em bem-definir o que é a doutrina ou o ensino social, também há uma análise do subdesenvolvimento no mundo contemporâneo. Para ela, a causa do subdesenvolvimento do Sul do mundo é uma questão política: a contraposição dos dois blocos. A Guerra Fria, ainda, por causa do poder, tem os seus efeitos sobre o Terceiro Mundo, onde ainda imperam o imperialismo, o neocolonialismo e o armamento. João Paulo II apela para um desenvolvimento humano autêntico, questionando a visão economicista, que é parcial e insuficiente. Para ele, nesse modelo econômico o ser está constrangido a ficar subordinado ao ter (*Sollicitudo Rei Socialis*, 1988, n. 28). Assim, o papa apela para uma equilibrada relação entre o desenvolvimento e os direitos humanos, declarando que um verdadeiro desenvolvimento deve ter uma viva consciência do valor dos direitos de todos e de cada um, para responder às exigências próprias do ser humano, que não é somente a abundância de bens e serviços (*Sollicitudo Rei Socialis*, 1988, n. 33).

No geral, a *SRS* possui uma estrutura metodológica de encíclica simples e clara. Segundo Laraña (2005, p. 197-198), ela tem um caráter mais indutivo do que a *LE*; esta é mais dedutiva. João Paulo II apresenta no capítulo III um panorama do mundo contemporâneo (ver), analisando a situação (os fatos e a sua respectiva interpretação teológica); no capítulo IV faz uma reflexão ética, oferecendo critérios para o juízo da realidade analisada (julgar), e, por fim, apresenta algumas orientações particulares (agir).

Em suma, a encíclica *SRS*, de João Paulo II, tem a sua atualidade na grande coleção dos textos do magistério pontifício. Com esse pontífice e com a *SRS*, a Doutrina Social da Igreja teve um grande impulso no sentido de unir a missão da Igreja com a própria ação evangélica. Essa perspectiva se coloca na esteira da renovada e permanente evangelização da cultura.

3.9 *Centesimus Annus*, de João Paulo II

A terceira das três grandes encíclicas sociais de João Paulo II é a conhecida *Centesimus Annus*, promulgada no dia 1º de maio de 1991. Como o seu próprio título indica, quer fazer memória dos cem anos da promulgação da *RN*, de Leão XIII. O contexto histórico é o da queda do Muro de Berlim (1989), iniciando o processo de reunificação da Alemanha e todo o movimento de emancipação dos países do Leste Europeu. Vivia-se um processo de reforma política da administração na União Soviética pelo que se falou, então, do fracasso do socialismo real e até do fim da história.

O objetivo dessa encíclica é explicitado pelo próprio pontífice:

> A presente encíclica visa pôr em evidência a fecundidade dos princípios expressos por Leão XIII, que pertencem ao patrimônio doutrinal da Igreja, e, como tais, empenham a autoridade do seu magistério. Mas a solicitude pastoral levou-me também a propor a análise de alguns acontecimentos da história recente. É supérfluo dizer que a atenta consideração do evoluir dos acontecimentos, para discernir as novas exigências da evangelização, faz parte da tarefa dos pastores. Tal exame, no entanto, não pretende dar juízos definitivos, não fazendo parte, por si, do âmbito específico do magistério (*Centesimus Annus*, 1991, n. 3).

Como se constata nessa parte introdutória, há um duplo objetivo para a encíclica *CA*: pôr em evidência a fecundidade dos princípios expressos por Leão XIII e propor uma análise de alguns acontecimentos da história recente. Na verdade, são dois objetivos estreitamente conectados: a Doutrina Social da Igreja, cujo centenário se comemorava, desenvolveu-se historicamente de acordo com o próprio desenvolvimento dos sistemas socioeconômicos; o que ocorreu em 1989 era, sem dúvida, um capítulo muito decisivo dessa história.

A encíclica possui 62 números, estando dividida em uma introdução e seis capítulos. Eis sua organização interna: introdução (n. 1-3); capítulo I: "Traços característicos da *Rerum Novarum*" (n. 4-11); capítulo II: "Rumo às 'coisas novas' de hoje" (n. 12-21); capítulo III: "O ano de 1989" (n. 22-29); capítulo IV: "A propriedade privada e o destino universal dos bens" (n. 30-43); capítulo V: "Estado e cultura" (n. 44-52); capítulo VI: "O homem é o caminho da Igreja" (n. 53-62).

Nos títulos dos capítulos da encíclica percebe-se que João Paulo II quer analisar o sentido da crise e o fim do sistema coletivo, próprio do mundo soviético, mas principalmente propor um juízo ético profundo sobre o avanço do capitalismo e as suas alternativas diante da situação geopolítica do mundo da época (LARAÑA, 2005, p. 203). É verdade que a Doutrina Social da Igreja buscou dar uma forma evangélica à convivência humana, superando tanto o coletivismo marxista como também o liberalismo econômico que destitui a pessoa de sua dignidade.

No *primeiro* capítulo, João Paulo II apresenta o contexto juntamente com os traços característicos da *RN*, de Leão XIII, destacando a historicidade e a pertinência da mesma no final do século XIX; desse modo, prepara a reflexão para o *segundo* capítulo. Neste, enfatiza as mudanças que ocorreram desde a publicação até aquele momento: 1991; muitas circunstâncias levaram-no a rever a Doutrina Social da Igreja, tais como: o fracasso do socialismo e a luta de classes, já previsto por Leão XIII (*Centesimus Annus*, 1991, n. 13-14); as transformações do Estado a partir do modelo liberal vigente no século XIX (n. 15-16); as duas guerras mundiais e as consequências da última com a divisão do mundo em dois blocos, e também o verdadeiro sentido de liberdade (n. 17-21). No *terceiro*, situa o ano de 1989 e as causas da queda do coletivismo, a violação dos direitos do trabalhados (n. 23), a ineficácia de um sistema econômico que viola os direitos fundamentais, as consequências no contexto europeu e a necessidade de uma solidariedade para com os antigos países comunistas, como também atenção ao Terceiro Mundo (n. 27-29). No *quarto* parte da doutrina sobre a propriedade e o seu sentido diante da economia; para João Paulo II, é necessário revisar o modelo econômico de mercado, moderando a liberdade econômica com a destinação universal dos bens. No *quinto* capítulo se discute o alcance de uma verdadeira democracia que respeite a subordinação da liberdade humana à verdade e se concretizem as competências do Estado na ordem econômica, saindo ao passo dos excessos intervencionistas do Estado de Bem-estar. João Paulo II fala em se criar uma cultura de paz, em cuja consolidação a Igreja quer prestar uma eficaz contribuição. No *sexto* capítulo, enfim, como o título sugere, o centro da doutrina social não é outro do que a visão de homem.

Tanto na *LE* quanto na *SRS* e na *CA* há uma antropologia valorativa na base do pensamento de João Paulo II, que é a centralidade de um humanismo na base de toda construção política, econômica e cultural (VINCENT, 1984)[54]. Em uma análise geral e sintética, a encíclica *CA* deve ser situada na sua historicidade e no contexto de 1989, em seu lento desdobramento. O Papa João Paulo II, na esteira de Leão XIII, quis lançar um olhar de esperança para povos e culturas marcados por um modelo valorativo em crise (o socialismo) e que lentamente se abriam a um novo modelo (capitalista ocidental), que também exigiria um sério discernimento para que os valores cristãos pudessem ser assumidos por todos.

3.10 *Caritas in Veritate*, de Bento XVI

A encíclica *Caritas in Veritate*, do Papa Bento XVI, promulgada no dia 29 de junho de 2009, no contexto da Festa de São Pedro

---

54. Esta ideia já era defendida, antes mesmo da redação da *Centesimus Annus*, por P.-I. Vincent (*La dottrina sociale di Giovanni Paolo II*. Roma: Città Nuova, 1984).

e São Paulo, insere-se e encerra os pronunciamentos do papa sobre a fé no amor divino: *Deus Caritas Est* (*Caritas in Veritate*, 2020, n. 2) e sobre a salvação como esperança (*Spe Salvi*). Essa encíclica é composta de 79 números, estando estruturada do seguinte modo: introdução (n. 1-9); capítulo I: "A mensagem da *Populorum Progressio*" (n. 10-20); capítulo II: "O desenvolvimento humano no nosso tempo" (n. 21-33); capítulo III: "Fraternidade, desenvolvimento econômico e sociedade civil" (n. 34-42); capítulo IV: "Desenvolvimento dos povos, direitos e deveres, ambiente" (n. 43-52); capítulo V: "A colaboração da família humana" (n. 53-67); capítulo VI: "O desenvolvimento dos povos e a técnica" (n. 68-77); conclusão (n. 78-79).

Bento XVI, com essa encíclica, retoma a questão do desenvolvimento integral da pessoa humana na linha de Paulo VI com a *Populorum Progressio*. *Caritas in Veritate* situa-se dentro de um contexto que antecede o ano de 2009. Pode-se considerar que a globalização enfrentava um grande choque proveniente da crise econômica capitalista (2008), comparável à crise de 1929.

Segundo Scudeler, há uma série de fatores que levaram a uma afirmação em torno da ideia de um desenvolvimento, tais como:

> [...] É importante ter presente que, em 2001 (11 de setembro), ocorreu o atentado terrorista nos Estados Unidos (Nova York, nas Torres Gêmeas; em Washington, no Pentágono), o que levou os Estados Unidos às guerras do Iraque e Paquistão (com gastos excessivos). Apesar desses gastos, houve outros fatores: importação maior do que a exportação; investimentos da China e Inglaterra, que levaram os bancos americanos a oferecerem crédito a clientes considerados de risco; os consumidores aproveitaram a grande oferta de crédito a baixas taxas de juros para gastar e investir em imóveis – a bolha imobiliária –, gerando posteriormente a inadimplência das famílias, que levou à quebra do Banco Lehman Brothers, quando o governo norte-americano resolveu não mais investir.

Houve repercussão em cadeia muito forte na Zona do Euro e demais países da Europa (SCUDELER, 2014, p. 90-91).

Desse modo, *CV* pretendeu posicionar o magistério social eclesial diante de muitos desafios provenientes, tanto da difusão do pensamento único como dos processos de globalização. Se em 1989 o modelo conhecido como "socialismo real" entrou em colapso, em 2008, junto com a "bolha financeira", explodiu o "capitalismo liberal", levando a um necessário posicionamento sobre o sentido do desenvolvimento a partir de critérios da caridade cristã.

Diante dessa série de situações ou circunstâncias globais, pode-se dizer que a *CV* representa uma espécie de bússola ou carta magna para enfrentar o problema de fundo do século XXI: o da elaboração de um novo modelo de desenvolvimento mundial baseado em um humanismo novo que conduza os povos da terra a viverem unidos no respeito da diversidade com os bens disponíveis e de modo digno e equilibrado.

Pode-se dizer que, na prática, a contribuição da encíclica consiste em um duplo elemento: 1) em primeiro lugar, contém uma crítica de fundo à ideologia tecnocrática dominante; 2) em segundo lugar, recorda alguns princípios éticos, culturais e políticos de um humanismo novo, universalmente compartilhado, de onde pode ser fundado o desenvolvimento humano integral em um mundo globalizado (SORGE, 2017, p. 96).

De fato, após o colapso histórico do "socialismo real" e também do "capitalismo liberal", a questão social já não era a mais originária "luta de classes" entre proletários e capitalistas, nem a do enfrentamento entre modelos opostos de economia marxista e liberal, nem a busca de uma distribuição equitativa dos recursos entre o Norte e o Sul do mundo.

Essa perspectiva interpretativa se justifica pela própria escolha da fundamentação magisterial. A *CV*, de Bento XVI, sem remover a importância histórica da *Rerum Novarum* (*RN*), de Leão XIII, considera, porém, mais adequada aos problemas sociais de hoje a encíclica *Populorum Progressio* (*PP*), de Paulo VI. Por isso, toma-a como referência, até o ponto de defini-la como "a *Rerum Novarum* da época contemporânea" (*Caritas in Veritate*, 2020, n. 8), que ilumina o caminho da humanidade em vias de unificação.

Em *CV*, Bento XVI destaca que a questão anteriormente focada no plano social se converteu em uma questão antropológica a ser levada a sério. O desafio consiste no modo de conceber a vida humana, que pode ser manipulada de muitos modos: desde a fecundação *in vitro* até a investigação sobre os embriões, a clonagem e a hibridação humana. Para ele, no lugar das ideologias políticas dos séculos XIX e XX, tomou força uma cultura libertária, a nova "ideologia tecnocrática"[55]. Esta reflete que o homem se colocou como o autor de si mesmo, de sua vida e da sociedade. Crendo-se autossuficiente e capaz de eliminar por si mesmo o mal da história, confundiu a felicidade e a salvação com formas imanentes de bem-estar material e de atuação social (*Caritas in Veritate*, 2020, n. 21-33)[56].

Uma das grandes denúncias presentes em *CV*, que se assoma a uma proposta reflexiva enquanto desafio a ser enfrentado, é

> [...] mostrar, tanto em nível de pensamento como de comportamentos, que não só não podem ser transcurados ou atenuados os princípios tradicionais da ética social, como a transparência, a honestidade e a responsabilidade, mas também que, nas *relações comerciais*, o *princípio de gratuidade* e a lógica do dom como expressão da fraternidade podem e devem *encontrar lugar dentro da atividade econômica normal*. Isto é uma

---

55. Em todo o cap. II ("O desenvolvimento humano no nosso tempo") Bento XVI desenvolve essa perspectiva.

56. Cf. *CV*, n. 34.

exigência do homem no tempo atual, mas também da própria razão econômica. Trata-se de uma exigência simultaneamente da caridade e da verdade (*Caritas in Veritate*, 2020, n. 36).

Diante do cenário de um mundo globalizado, todos os valores se tornam, por assim dizer, globalizados. Bento XVI tem consciência, na *CV*, de que aquilo que é essencial no ensino social cristão – a caridade e a verdade – precisa ser também globalizado[57]. Para além disso, o pontífice percebe que esse fenômeno da globalização – muito antigo, ao menos no Ocidente – está estreitamente relacionado à natureza social do ser humano.

Embora em *CV* faz-se um juízo de valor moral sobre o desenvolvimento da globalização moderna, com os seus alcances econômicos e tecnológicos, Bento XVI vê nesse complexo fenômeno aglutinador a própria configuração cultural mais profunda, na qual as sementes do cristianismo fincaram suas raízes. Para ele, a globalização moderna se estrutura a partir da configuração cultural do Ocidente, baseada na razão universal (grega), na palavra de Deus para todos os povos (judaica) e no direito de pretensão universal (romana).

Se o desenvolvimento, no atual contexto globalizado, é considerado policêntrico (*Caritas in Veritate*, 2020, n. 22), tanto pelos novos atores e causas como pelo progresso econômico e tecnológico (2020, n. 23), também os sistemas de segurança e previdência (n. 25) sentem dificuldades em acompanhar o mercado que motiva novas formas de competição entre estados, procurando atrair centros produtivos de empresas estrangeiras. Cresce, em contrapartida, uma consciência de respeito pela vida (n. 28), o que é a base para se falar em um desenvolvimento humano integral, assu-

---

57. Essa ideia é bastante perceptível em *CV*, n. 5-6, 9, 33, 38, 42, 57, 70 e 73.

mindo a contribuição dos vários saberes (n. 30-31)[58] para lançar luzes sobre os novos dramas humanos.

Enquanto no capítulo segundo são apresentados os desafios postos à dignidade da pessoa humana, no terceiro, o tema da caridade é central. Fala-se em caridade na verdade como dom da fraternidade entre todos. Bento XVI insiste no fato de que o poder econômico necessita das luzes do princípio da justiça (*Caritas in Veritate*, 2020, n. 37 e 39)[59], para que esta norteie decisões racionais e coletivas. No capítulo quarto fala-se no desenvolvimento dos povos, direitos e deveres, colocando o ambiente como critério de discernimento para decisões certas. Contudo, insiste-se no fato de que a economia tem necessidade da ética para o seu correto funcionamento (n. 45). Além disso, insiste-se no fato de que em tempos de globalização, nos quais existem uma evidente cooperação internacional (n. 47), não se pode esquecer de que um desenvolvimento realizado no horizonte da caridade, na verdade, exige um profundo equilíbrio entre o homem e o ambiente natural (n. 48)[60] onde vive e é chamado a se realizar. No capítulo quinto (n. 53-67) apresenta-se uma reflexão sobre a colaboração da família humana. Parte-se da ideia teológica de colaboração e fraternidade, a qual toda a humanidade participa, junto ao Criador (n. 53-57), sendo que isso se manifesta na esfera pública, na qual a razão e a fé são chamadas a purificar as relações políticas e sociais (n. 56). A cooperação no desenvolvimento pessoal e coletivo, antes chamado mais de "princípio da subsidiariedade" (n. 58),

---

58. Aqui usa-se a expressão "interdisciplinar" para pensar em soluções vistas a partir de vários pontos de vista.

59. Nos n. 40-41 fala-se em novas dinâmicas que devem gerir a vida das empresas, *locus* privilegiado da realização humana e do fazer a economia. Além disso, o "espírito empreendedor" deve ser norteado por uma referência moral cristã baseada na caridade e na verdade.

60. Nos n. 48-51 fala-se em uma sadia cooperação ou colaboração, a partir do uso equilibrado dos bens da criação para a subsistência da vida no meio ambiente.

encontra no diálogo e na busca coletiva pela verdade na caridade uma forma profunda de encontro dos povos em suas pluralidades. Há alternativas já existentes desse caminho ainda a ser mais aprofundado, como: ajuda ao desenvolvimento dos países pobres (n. 60), mais acesso à educação e ao turismo internacional (n. 61), auxílio nas migrações (n. 62), pensar sobre o mundo do trabalho e as organizações sindicais (n. 63-64). Também há uma referência educativa aos novos consumidores (n. 66), que precisam ser educados para a sobriedade e a responsabilidade social. No sexto capítulo (n. 68-77) é central o tema do desenvolvimento. Fala-se em desenvolvimento da pessoa no contexto do progresso e do desenvolvimento tecnológico (n. 68-70). Bento XVI deixa claro que o desenvolvimento dos povos e nações não pode ser reduzido ao econômico ou tecnológico, mas deve ser precedido pela consciência pautada no bem comum (n. 71), insistindo na almejada construção da paz (n. 72), que hoje passa pela presença dos meios de comunicação social (n. 73). O desenvolvimento dos povos no contexto da técnica exige uma atenção especial ao tema da bioética (n. 74), para que a questão social assuma a verdadeira ordem antropológica (n. 75), na superação de todo reducionismo ao material (n. 76-77) que exclua o espiritual. Enfim, na conclusão da *CV*, Bento XVI recorda que o "desenvolvimento tem necessidade de cristãos com os braços levantados para Deus em oração, cristãos movidos pela consciência de que o amor cheio de verdade – *Caritas in Veritate* –, do qual procede o desenvolvimento autêntico, não o produzimos nós, mas nos é dado" (n. 79).

3.11 *Laudato Si'*, de Francisco

A encíclica *Laudato Si'*, do Papa Francisco, promulgada no dia 24 de maio de 2015, no contexto da Solenidade de Pentecostes, pode ser caracterizada como um "giro imprimido à Igreja pelo novo pontificado" (SORGE, 2017, p. 439). Se em 2013, com a publicação da *Evangelii Gaudium*, Francisco se referia à Nova Evangelização a partir de uma perspectiva de "Igreja em saída", onde afirmava a necessidade de assumir os desafios do mundo atual, principalmente no que tange à economia da exclusão e a globalização da indiferença – dimensões sociais da fé –, na *LS*, propriamente o tema social se apresenta de uma forma não só nova, mas também plena de paixão pessoal.

Na *LS* é a primeira vez que o magistério pontifício aborda de forma profunda, sistemática, analítica e extensa a questão ecológica, enquanto "magistério social da Igreja" (*Laudato Si'*, 2015, n. 15), pois Francisco se deu conta dos riscos que correm o Planeta Terra e os bens que nem sempre têm sido utilizados de forma sustentável e equilibrada. Não se pode esquecer de que o magistério social da Igreja é proveniente do serviço que a teologia é chamada a realizar no interior da comunidade eclesial, e também no contexto em que as implicações da fé possuem em uma perspectiva mais alargada da experiência comunitária da fé. Se a missão da Igreja é evangelizar, a teologia é chamada a dar as suas razões com o rigor dos vários métodos e as interpretações sobre como se posicionar de forma rigorosa diante dos novos desafios.

Desse modo, o enfrentamento dos contextos e das situações em que os cristãos vivem sua fé (serviço à fé) e a (re)formulação da fé nesses mesmos contextos ou situações (inteligência da fé) são tarefas permanentes da teologia e, por conseguinte, da Igreja, enquanto comunidade dos seguidores de Jesus Cristo (JÚNIOR, 2016, p. 25).

A *LS* se coloca na longa tradição da Doutrina Social da Igreja e de forma veemente insiste no cuidado para com a Casa Comum, a relação do ser humano com os bens provenientes do nosso planeta e as novas formas de convivência humana das pessoas entre si e com os seres que também habitam a Casa Comum, dom de Deus para a humanidade.

Ela se inicia com um hino de louvor à criação – "Evangelho da criação" –, clamando à consciência de todos por responsabilidade e justiça. Nota-se, com sutileza, que a *LS*

> [...] revela-se inovadora em diversos aspectos, a começar pelo nome. Que ela seja dirigida a todas as pessoas, cidadãs do mundo, e não apenas, como de costume, aos fiéis católicos, constituiu outra novidade. E as inovações não param por aqui: a atitude do Papa Francisco de se unir ao Patriarca Ecumênico Bartolomeu no inadiável apelo ao cuidado da Casa Comum, as inúmeras referências explícitas, no decorrer dos textos, a documentos dos episcopados continentais e nacionais, bem como a outros autores do âmbito da cultura em geral. Que o estilo do Papa Francisco seja cordial e poético e, ademais, que o tom da Encíclica seja propositivo e esperançoso, não nos parece meramente casual (TAVARES, 2016, p. 7).

Embora a Encíclica seja um texto relativo ao magistério pontifício, com forte entonação social e uma abertura ao diálogo com a cultura atual – valor profundamente recuperado do Concílio Vaticano II (*GS*) – antes de analisar o documento em si, convém trazer à luz a sua atualidade, frente à crise ecológica que se impõe cada dia de forma mais grave e preocupante, extraindo, desse modo, a sua mensagem central e o tema de fundo.

Tudo o que se refere à vida social e às suas complexas implicações na consciência dos sujeitos e dos cristãos remonta historicamente à vida da Igreja desde os seus primórdios. Não há como pensar textos do magistério com posicionamentos iluminadores para a vida concreta dos cristãos abstraindo do seu enraizamento histórico. Pode-se dizer, desse modo, que a *LS*, do Papa Francisco, coloca-se nessa teia histórica e social da cultura que evolui e do Evangelho que necessita ser proclamado de forma integral.

O tema da ecologia tem passado por uma mudança de compreensão devido a uma visão mais complexa de natureza, que vai da catalogação dos componentes do meio ambiente à investigação dos ecossistemas e suas inúmeras conexões, cujas comunidades vitais interagem com a habitação humana na terra: demografia e migração, agricultura e produção de alimento, uso das fontes de energia, exploração e manutenção dos recursos naturais, com suas consequências para o planeta e a própria humanidade (MAÇANEIRO, 2016, p. 231).

Vive-se hoje uma grande conscientização no que se refere à questão ecológica por razões de sobrevivência de todos os seres no planeta. Segundo o Centro de Estudos Internacional sobre a Sustentabilidade (Global Footprint Network), que mede periodicamente a evolução das necessidades da humanidade, foi advertido que no dia 13 de agosto de 2015 superamos, em nível mundial, o limite da sustentabilidade (o *Overshoot Day*). Nesse dia tínhamos consumido, em oito meses, todos os recursos que a natureza tinha colocado à nossa disposição para chegar até o fim do ano (SORGE, 2017, p. 439).

Isso significa que sacrificamos mais animais do que os nascidos; que comemos frutas e verduras em ritmos superiores aos tempos do cultivo; que produzimos mais lenha do que os bosques podem produzir; que consumimos mais a água e o solo ficou sem equilíbrio; que contaminamos a atmosfera, de forma avassaladora, com gás carbônico. Em termos estatísticos aproximados, até 1961 precisávamos apenas de 63% da Terra para atender às nossas demandas. Com o aumento da população e do consumo, já em 1975 necessitávamos de 97% da Terra. Em 1980 exigíamos 100,6%, a primeira sobrecarga da pegada ecológica planetária. Em 2005 já atingíamos a cifra de 1,4 planeta. E em agosto de 2015, 1,6 planeta (BOFF, 2016, p. 15).

Diante dessa sintética situação apresentada em torno do problema ecológico, do cuidado com os bens de todos, a serem respeitados e preservados, compreende-se o valor da mensagem do Papa Francisco, que impulsiona não só a tomar consciência da gravidade do problema, mas também a buscar uma verdadeira "conversão ecológica" (*Laudato Si'*, 2015, n. 4-5, 216-221)[61]. Ele o faz insistindo no que constitui a mensagem central da Encíclica: uma ecologia integral.

Essa Encíclica Sobre o cuidado da Casa Comum, de Francisco, é composta de 246 números, estando dividida em 6 capítulos: parte introdutória (n. 1-16); capítulo 1: "O que está acontecendo com nossa casa" (n. 17-61); capítulo 2: "O Evangelho da criação" (n. 62-100); capítulo 3: "A raiz humana da crise ecológica" (n. 101-136); capítulo 4: "Uma ecologia integral" (n. 137-162); capítulo 5: "Algumas linhas de orientação e ação" (n. 163-201); capítulo 6: "Educação e espiritualidade ecológicas" (n. 202-246).

Pode-se dizer, em linhas gerais, que a *LS* mostra a urgência de todos adquirirem consciência das dimensões da questão ecológica, porque na Casa Comum "tudo está relacionado e todos os seres humanos estamos juntos como irmãos e irmãs em uma maravilhosa peregrinação" (*Laudato Si'*, 2015, n. 92). Para Francisco, a interdependência nos obriga a pensar em um só mundo, em um projeto comum (n. 164). Assim, mudando a perspectiva a partir da crise estrutural em que a humanidade se encontra (n. 101-136)[62], busca-se pensar a questão ecológica em termos de uma ecologia integral, com o intuito de compreender as várias di-

---

61. Nesses respectivos números há uma insistência para uma mudança de mentalidade, que é uma chamada pedagógica, para uma formação da consciência ecológica.

62. No cap. III da Encíclica Francisco faz uma acurada exposição do que intitulou de "raiz humana da crise ecológica", consistindo em um fenômeno moderno que vai desde a tecnologia, a globalização até o antropocentrismo e suas consequências práticas.

mensões do problema: ambiental, social, cultural, educativo, ético e espiritual (2015, n. 137).

Desse modo, na *LS*, o Papa Francisco desenvolve suas reflexões sobre a crise ecológica, inspirando-se no estilo pastoral com o qual o Concílio Vaticano II (*GS*) afrontou os problemas sociais no mundo contemporâneo. No interior da *LS* constata-se a preferência metodológica de análise – proveniente da pluralidade conciliar – indutiva (PASSOS, 2016, p. 73-94), isto porque, assim como o Papa João XXIII (*MM*), considera-se compreender a complexidade dos fatos sociais, partindo não de princípios abstratos, mas da leitura dos fatos concretos (ver), iluminando-os depois com a luz do Evangelho e do magistério (julgar), para chegar finalmente a realizar as opções necessárias (agir).

Assim, pode-se ler e analisar a Encíclica a partir desta tríplice chave de leitura – interrompida após a morte de Paulo VI e reavivada pelo Papa Francisco à luz do Concílio Vaticano II (*GS*): I Parte: ver – O que está ocorrendo na nossa casa (o predomínio da lógica científica e tecnológica; o individualismo e a visão setorial da crise ecológica). II Parte: julgar – O evangelho da criação (a antropologia cristã; a contribuição da fé; e o exemplo de São Francisco). III Parte: agir – Linhas de orientação e de ação (o diálogo; educar para uma cultura do cuidado; e o testemunho cristão da conversão ecológica).

3.12 *Querida Amazônia*, de Francisco

A Exortação Apostólica pós-sinodal *Querida Amazônia*[63], do Papa Francisco, promulgada no dia 2 de fevereiro de 2020, Festa

---

63. Reconhece-se que até o presente há poucas publicações teológicas que prolonguem e desdobrem o ensinamento magisterial de Francisco no que tange à *Querida Amazônia*. Indicaremos aqui, portanto, algumas reflexões disponíveis, mas que exigem aprofundamentos e interpretações posteriores.

da Apresentação do Senhor, coloca-se também no conjunto do magistério pontifício social da Igreja. Nos seus 111 números endereça-se ao povo de Deus e a todas as pessoas de boa vontade. A presente exortação é um texto redigido após a realização do Sínodo Extraordinário ocorrido em Roma entre os dias 6 e 27 de outubro de 2019, concluindo com o documento *Amazônia: novos caminhos para a Igreja e para uma ecologia integral*.

Enquanto uma exortação pós-sinodal, possui uma característica literária sutilmente distinta de uma carta encíclica em geral. Lendo-a, verifica-se uma proximidade com as discussões, os diálogos e um certo discernimento sobre o problema de fundo, que é a evangelização na Região Amazônica, com seus condicionamentos históricos, políticos e econômicos.

Segundo Brighenti (2020, p. 309), perito no Sínodo para a Amazônia, um dos critérios fundamentais para ler a exortação *QA* está indicado pelo próprio papa na introdução, falando do sentido do documento (*Querida Amazônia*, 2020, n. 2-3). Francisco explicita que a exortação não pretende substituir ou repetir as contribuições e conclusões do Sínodo, mas apenas oferecer um quadro de reflexão e ser uma síntese das grandes preocupações. Desse modo, o processo sinodal foi tão importante quanto o documento final, pois percorreu um "antes", um "durante" e um "depois" (BRIGHENTI, 2020, p. 311).

O processo que precedeu a realização do Sínodo foi muito rico e não pode passar de forma desapercebida, já que é coroado pelo documento final e principalmente pela exortação pós-sinodal. De fato, a notícia com a confirmação de um Sínodo para a Região Pan-amazônica, no dia 15 de outubro de 2017, gerou um posterior caminho de organização e estruturação desse itinerário que envolveria muitos protagonistas. O que precedeu a realização do Sínodo? Segundo Sell, para conduzir os trabalhos preparatórios do Sínodo, o papa criou, em 8 de março de 2018, o Conselho Pré-sinodal, composto por 18 membros. Esse conselho se reuniu, pela primeira vez, em Roma, em abril de 2018, ocasião em que foi aprovado um breve Documento Preparatório do Sínodo (*Amazônia: novos caminhos para a Igreja e para uma Ecologia Integral*) que também continha 30 perguntas para serem endereçadas às comunidades daquela região. O documento, com seu respectivo questionário, foi encaminhado pela Repam (Rede Eclesial Pan-Amazônica), órgão criado pelo Celam (Conselho Episcopal Latino-Americano) em 2014 e que, segundo seus informes (REPAM, 2019), organizou 40 Assembleias Territoriais Sinodais, 8 Fóruns Temáticos Pan-amazônicos e 2 Fóruns Internacionais para subsidiar a reflexão sinodal. Dessas atividades teriam tomado parte diretamente cerca de 21 mil pessoas (e indiretamente 90 mil), dentre as quais 477 religiosos e 492 clérigos (entre padres e bispos). Os relatórios destas atividades (266 informes) foram entregues à Repam em 14 de fevereiro de 2019 e sistematizados por sua equipe de especialistas entre os dias 13 e 14 de maio, quando o Conselho Pré-sinodal se reuniu pela segunda vez, em Roma, para elaborar a primeira versão do *IL* – documento preliminar para ser debatido, efetivamente, no Sínodo (SELL, 2020, p. 285).

Nota-se, nessa fase caracterizada como o "antes", uma grande articulação de inúmeros protagonismos envolvidos na causa amazônica. Foi escolhido o relator-geral do Sínodo, o Cardeal Cláudio Hummes (também presidente da Repam), no dia 4 de maio de 2019. No dia 17 de junho de 2019 foi divulgado o texto oficial preparatório da Assembleia Sinodal (*Instrumentum Laboris*), e, por fim, a lista de todos os participantes do Sínodo, no dia 21 de setembro de 2019. Convém mencionar a considerável representatividade da Igreja Latino-americana e Pan-amazônica dentre as delegações envolvidas no "antes" e no "durante". Uma visão dos que fariam parte da aula sinodal, segundo Sell:

> O Brasil foi contemplado com a maior delegação entre os participantes, contando com 58 bispos [...]. Em menor número ficaram as delegações de bispos oriundos da Colômbia (15), Bolívia (12), Peru (11), Equador (7), Venezuela (7), Guiana (1), Guiana Francesa (1) e Suriname (1). Além deles, 3 cardeais da Cúria, 15 superiores gerais de ordens religiosas, somando, ao todo, 185 padres sinodais, clérigos com direito a voto nos temas a serem debatidos na assembleia. Além deles, participaram do Sínodo outras 80 pessoas, incluindo 53 leigos e religiosas, que, contudo, não puderam votar (SELL, 2020, p. 286).

O processo sinodal[64], em outras palavras, gerou documentos que estão na raiz da futura exortação sinodal, nessa primeira fase de organização e estruturação do caminho, elencadas em: Documento de Consulta (*Lineamenta*), Documento de Trabalho (*Instrumentum Laboris*), Documento Final, e, enfim, a própria Exortação Apostólica *Querida Amazônia*.

A Exortação está estruturada em quatro capítulos que se referem a quatro sonhos: *social* (n. 8-27), *cultural* (n. 28-40), *ecológico* (n. 41-60) e o *eclesial* (n. 61-110), com uma conclusão (n. 111). Estes quatro sonhos não podem ser vistos de forma separada, mas relacionados entre si, até porque há uma profunda consciência de que a salvação é um evento integral. Segundo Brighenti, nos quatro sonhos propostos pelo Papa Francisco há uma influência da visão latino-americana de teologia, na qual a salvação é pensada para além de uma visão dualista – proveniente do dualismo platônico –, que tendia a separar imanência-transcendência, corpo-alma, mundo material-mundo

---

64. Não podemos nos esquecer que em 2018 a Comissão Teológica Internacional, com o parecer do Papa Francisco, publicou o texto "A sinodalidade na vida e na missão da Igreja", que no fundo será assumida no interior do processo sinodal em curso [Disponível em http://www.vatican.va/roman_curia/congregations/cfaith/cti_documents/rc_cti_20180302_sinodalita_sp.html – Acesso em 31/07/2020].

espiritual, salvação-história, fé-vida etc. (BRIGHENTI, 2020, p. 317-318).

No primeiro sonho – o social – há uma luz inspiradora para compreender as questões sociais: "Sonho com uma Amazônia que lute pelos direitos dos mais pobres, dos povos nativos, dos últimos, de modo que a sua voz seja ouvida e sua dignidade promovida" (*Querida Amazônia*, 2020, n. 7). É a partir desta perspectiva que se pode compreender que o sonho social reverbera uma verdadeira denúncia e anúncio dos problemas estruturais presentes da Região Amazônica; junto a esses também há um olhar de esperança para o que seria um caminho possível de viver a experiência eclesial. Fala-se nesta parte em: injustiça e crime (n. 9-14); indignar-se e pedir perdão (n. 15-19); sentido comunitário (n. 20-22); instituições degradadas (n. 23-25); e o diálogo social (n. 26-27).

No segundo sonho – o cultural – encontra-se também uma referência para compreender o seu modo de pensar a expressão cultura. Diz a exortação: "Sonho com uma Amazônia que preserve a riqueza cultural que a caracteriza e na qual brilha de maneira tão variada a beleza humana" (*Querida Amazônia*, 2020, n. 7). É dessa perspectiva que se justifica o desenvolvimento e o aprofundamento do texto em: o poliedro amazônico (n. 29-32); cuidar das raízes (n. 33-35); encontro intercultural (n. 36-38); e culturas ameaçadas, povos em risco (n. 39-40).

O terceiro sonho – o ecológico – também recebe a luz de um refrão inicial entoado pelo próprio Papa Francisco: "Sonho com uma Amazônia que guarde zelosamente a sedutora beleza natural que a adorna, a vida transbordante que enche os seus rios e as suas florestas" (*Querida Amazônia*, 2020, n. 7). Em uma rica e aprofundada visão teológico-ecológica, Francisco desenvolve suas impressões a partir dos tópicos: esse sonho feito de água (n. 43-46); o grito da Amazônia (n. 47-52); e educação e hábitos ecológicos

(n. 58-60). Há uma grande insistência neste sonho, para que haja uma mudança dos hábitos na relação com a criação, frutos de um processo educacional e de conscientização[65] a ser cultivado pelas atuais e futuras gerações.

No último sonho – o eclesial – o Papa Francisco também parte de um ideal: "Sonho com comunidades cristãs capazes de se devotar e encarnar de tal modo na Amazônia, que deem à Igreja rostos novos com traços amazônicos" (*Querida Amazônia*, 2020, n. 7). Esta é a parte mais longa da exortação apostólica (49 números), na qual há uma série de indicações gerais, particulares e concretas para se pensar a evangelização na Região Pan-amazônica. Fala-se em: anúncio indispensável na Amazônia (n. 62-65); a inculturação (n. 66-69); caminhos de inculturação na Amazônia (n. 70-74); inculturação social e espiritual (n. 75-76); pontos de partida para uma santidade amazônica (n. 77-80); a inculturação da liturgia (n. 81-84); a inculturação do ministério (n. 85-90); comunidades cheias de vida (n. 91-98); a força e o dom das mulheres (n. 99-103); ampliar horizontes para além dos conflitos (n. 104-105); e a convivência ecumênica e inter-religiosa (n. 106-110).

Temos consciência de que a Exortação Apostólica *Querida Amazônia*, promulgada há pouco tempo, ainda terá suas ressonâncias tanto pela parte da Igreja, da comunidade, dos seus pastores como também pelos teólogos, encontrando nela elementos e categorias de abrangência universal e principalmente particulares, a serem assumidas no ardoroso processo de evangelização do século XXI.

---

65. Aqui se encontra uma total sinergia e continuidade com o ensino presente na *Laudato Si'*, de modo particular dos cap. 4, 5 e 6, nos quais fala-se em educação, conscientização e conversão ecológica.

3.13 *Fratelli Tutti*, de Francisco

A Carta Encíclica *Fratelli Tutti* [66], do Papa Francisco, foi promulgada no dia 3 de outubro de 2020, em Assis, junto ao túmulo de São Francisco, na véspera de sua memória litúrgica, e no oitavo ano do pontificado do Papa Francisco. Nos seus 287 consistentes números, endereça-se a toda a humanidade, desejosa de uma experiência de amor que ultrapassa as barreiras da geografia e do espaço (n. 1). Para Francisco, o amor fraterno, refletido em uma forma de viver a amizade e a fraternidade, ou amizade social, é algo central na vida cristã (n. 2), tendo em São Francisco de Assis um arauto da irmandade com tudo e todos.

Nos seus 287 números e nas suas 288 respectivas indicações, encontra-se uma mensagem muito profunda e global sobre o sentido cristão atual da fraternidade e a amizade social, fundamentais para a vivência humana e coexistência dos seres humanos entre si. A Encíclica está estruturada desta forma: introdução (n. 1-8); capítulo I: "As sombras de um mundo fechado" (n. 9-55); capítulo II: "Um estranho no caminho" (n. 56-86); capítulo III: "Pensar e gerar um mundo aberto" (n. 87-127); capítulo IV: "Um coração aberto ao mundo inteiro" (n. 128-153); capítulo V: "A política melhor" (n. 154-197); capítulo VI: "Diálogo e amizade social" (n. 198-224); capítulo VII: "Percursos de um novo encontro" (n. 225-270); capítulo VIII: "As religiões a serviço da fraternidade no mundo" (n. 271-287); conclusão: Oração ao Criador e a oração cristã ecumênica.

A *FT*, do Papa Francisco, deve ser compreendida à luz do seu rico magistério social precedente, principalmente à luz da *Lau-*

---

66. Reconhece-se que até o momento há poucas publicações teológicas que prolonguem e desdobrem o ensinamento magisterial de Francisco no que tange à *Fratelli Tutti*. Indicaremos aqui, portanto, algumas reflexões disponíveis, mas que exigem aprofundamentos e interpretações posteriores.

dato Si' e da *Querida Amazônia*, nas quais é possível delinear os grandes matizes teológicos do seu pontificado, em continuidade ao desdobramento do Vaticano II. É possível encontrar na *FT*, em linhas gerais, um grande incentivo para que os cristãos busquem a intimidade da amizade social, ao invés de reproduzirem relações e atitudes que exprimam a cultura da indiferença, próprias do modelo de capitalismo vigente, gerador de uma violenta exclusão humana (INSTITUTO HUMANITAS UNISINOS, 2020a).

No primeiro capítulo Francisco elenca o que considera "as sombras de um mundo fechado"; isto é, os grandes desafios ou tendências que dificultam a fraternidade universal; para ele são: sonhos desfeitos em pedaços (n. 10-12); o fim da consciência histórica (n. 13-14); ausência de um projeto para todos (n. 15-17); o descarte mundial (n. 18-21); direitos humanos não suficientemente universais (n. 22-24); conflito e medo (n. 25-28); globalização e progresso sem um rumo comum (n. 29-31); as pandemias e outros projetos da história (n. 32-36); sem dignidade nas fronteiras (n. 37-41); a ilusão da comunicação (n. 42-43); agressividade despudorada (n. 44-46); informação sem sabedoria (n. 47-50); sujeições e autodepreciação (n. 51-53); conclui com um olhar de esperança diante destes desafios (n. 54-55).

Pode-se dizer que o coração da *FT* é a reflexão de Francisco sobre a Parábola do Samaritano, no segundo capítulo, no qual, ao invés de buscar uma inspiração moral em abstrações, convida todos a contemplarem e se deixarem confrontar pela atitude de todo aquele que ainda é capaz de se compadecer pelas feridas e dores dos caídos na estrada da vida. Para ele, é a partir desse ponto de vista que se pode elaborar o discernimento contínuo vivido por todos na busca em edificar a vida no Reino de Deus. O centro da parábola tem foco no homem ferido e vulnerável (n. 63), que encontra na capacidade de compaixão do samaritano a possibilidade de uma experiência de fraternidade. Essa parábola, para Francisco, é a metáfora da vida humana atual (n. 72-76), cujos personagens revelam a nossa capacidade de proximidade ou não aos outros, aos feridos e aos novos caídos na estrada de hoje (n. 80). Essa perícope bíblica incita a consciência cristã e social para a responsabilidade diante da dignidade do outro, reduzido a um forasteiro a ser revalorizado (n. 84-86).

No capítulo terceiro o papa insiste no fato de que a vida tem como plenitude ser um dom aos outros (n. 87). Desse modo, é necessário "pensar e gerar um mundo aberto" com atitudes que levem a uma fraternidade humana, tais como: ir sempre além do estabelecido socialmente, mediante uma atitude de compaixão (n. 88-90); ter como critério de convivência a caridade, alargadora de laços egoístas (n. 91-94); esta supõe uma abertura progressiva (n. 95-96); cultivar na sociedade a integração de todos (n. 97-98); superar atitudes que não cultivam uma amizade social (n. 99-100); superar certa tendência restritiva (n. 101-102); cultivar as três virtudes da convivência: liberdade, igualdade e fraternidade (n. 103-105); promover o amor universal, que eleva as pessoas e a sua dignidade (n. 106-111); exaltar o bem moral (n. 112-113); impulsionar a importância da solidariedade entre os povos e as pessoas (n. 114-117); alargar o sentido social da propriedade à luz da tradição cristã (n. 118-120); acolher a todos, sem fronteiras (n. 121-123); e valorizar a cultura e os valores dos povos (n. 124-127).

No quarto capítulo Francisco leva em consideração o fato de que toda a humanidade precisa hoje ser assumida como uma grande fraternidade (irmãos e irmãs), na qual as fronteiras físicas e geográficas possam ser superadas (n. 129-132), para que os dons humanitários sejam reciprocamente vividos por todos (n. 133-136); nesse contexto se favorece um intercâmbio inclusivo (n. 137-138), devedor de um espírito de gratuidade acolhedora (n. 139-141). Uma verdadeira globalização humana deve ser promovida tanto em nível local como universal (n. 142-150), com o objetivo de estimular que a acolhida e a inclusão sejam valores morais da fraternidade social. Enfim, esse intercâmbio e essa abertura são a própria expressão do coração humano, agradecido diante de Deus.

O quinto capítulo é dedicado ao tema da "política melhor", o que favorece a fraternidade de todos os povos e nações para que a amizade social impulsione a humanidade (n. 154). Para Francisco, tanto os populismos como os liberalismos podem impedir que a amizade social se enraíze na humanidade (n. 155). É necessário distinguir o fenômeno "popular" do "populista" (n. 156-162), para que valores comuns de direito a todos não sejam privatizados por interesses particulares. Incluso a esse tema também é fundamental ter uma visão crítica acerca dos valores e limites das visões liberais (n. 163-169), nas quais a economia pode se colocar acima da busca por uma amizade que una as pessoas e os povos. O poder internacional (n. 170-175) também pode contribuir para que não haja interesses particulares ou formas limitadas de resolver os dramas dos povos, não manipulado pela livre-economia. Os povos hoje buscam uma "política necessária" (n. 177-179) que coloque em primeiro lugar o "amor político" (n. 180-182). Este deve ser cultivado nas iniciativas educacionais, para que todos tenham os direitos básicos assegurados. Dele brota o "amor eficaz" (n. 183-185), que é o amor social ou a caridade, sendo central na vida social, de forma sadia e aberta. Para Francisco, essa caridade vivida na política deve engendrar o desejo de que todos possam ter direito a tudo, respeitando as necessidades dos que mais precisam (n. 186-189). Essa caridade, que é o amor pela busca do bem comum, deve integrar e reunir todas as pessoas, superando a intolerância fundamentalista, os fanatismos e as lógicas segregadoras (n. 190-192). Em suma, a política melhor exige o esforço de todos para fecundar a vida comum e assegurar a paz social (n. 193-197).

No sexto capítulo o papa trata do diálogo e da amizade social. Para ele, hoje há uma ambígua cultura que favorece a comunicação, mas nem sempre o diálogo (n. 199-202). Eis por que o diálogo é uma construção em conjunto, pela busca da verdade com responsabilidade social (n. 203-205), mediante um consenso respeitoso a partir de referenciais éticos e não superficiais (n. 206-210). Numa sociedade pluralista, na qual a complexidade se impõe, não podemos deixar de buscar a verdade por meio de um diálogo respeitoso (n. 211-214), mas que inclua as periferias e ofereça um ponto de vista diverso do centro (n. 215). Esse diálogo está na base de toda cultura enquanto expressão peculiar do *ethos* de um povo e no qual a paz se torna um processo a ser cultivado (n. 216-217). Para que isso seja viável é importante reconhecer o outro com respeito e consideração (n. 218-221). A própria Escritura apresenta a amabilidade como uma característica daqueles que são movidos pelo Espírito e constroem uma sociedade baseada na amizade integral.

O sétimo capítulo apresenta alguns indicativos importantes para se buscar um percurso rumo à paz e de um novo encontro (n. 225). Inicialmente, a verdade é sempre central na experiência de convivência humana (n. 226-227). Ela abre caminhos para que a paz se enraíze no tecido social e as consciências se tornem recíprocas rumo à harmonia (n. 228-232). Para que isso ocorra, os últimos precisam ser integrados e, assim, a amizade social reine; esta é uma referência evangélica, pois o próprio Jesus os colocou no centro da sua missão (n. 233-235); o perdão e a reconciliação também deveriam ser cultivados na convivência às vezes tensa e violenta (n. 236). De todo modo, o conflito existirá. Jesus mesmo tinha consciência de que o mal pode ser combatido com atitudes de concórdia, paz, perdão e mútuo respeito (n. 237-240). Há lutas, mesmo tensas e com consequências violentas, que precisam ser travadas com o remédio do perdão (n. 241-243). A amizade social, assim, deve levar em consideração a busca por unidade, a valorização da memória e a purificação de experiências históricas traumáticas (n. 244-254). Contudo, tanto a guerra como a pena de morte se colocam como duas realidades dramáticas em qualquer sociedade, pois explicitam feridas humanas e dolorosas (n. 255-270) que necessitam de remédio e diálogo rumo à cicatrização da amizade social a ser reconsiderada.

No último capítulo, o oitavo, Francisco apresenta um caminho esperançoso proposto pelas religiões em direção à verdadeira fraternidade no mundo. Ele considera, inicialmente, que as religiões estão a serviço da humanidade (n. 271). Segundo ele, toda religião possui um fundamento último, capaz de elevar os limites e falhas humanos à ordem transcendente (n. 272-276). A identidade cristã (n. 277-280), particularmente, oferece um horizonte de sentido, conduzindo à afirmação da paz e da amizade social entre todos. Se há uma linha tênue entre a religião e a violência (n. 281-284), há mais espaço para o cultivo de uma paz pessoal que reflete na cultura e na sociedade. Francisco insiste no fato de que o cultivo, por parte de alguns, de palavras e atos violentos, não pode ser associado em si às religiões, mas à deformação fundamentalista e à imprudência dos seus líderes. Todo ser religioso deve protagonizar, segundo ele, onde quer que esteja, um espírito de fraternidade universal, como ele mesmo o fez (n. 285-287). A carta encíclica é concluída com duas belas orações nas quais se clama ao Criador por valores que promovam a fraternidade e amizade social entre os povos.

Neste capítulo, no qual se objetivou apresentar os principais posicionamentos do magistério pontifício em moral social, desde a *Rerum Novaram*, de Leão XIII, até a *Fratelli Tutti*, de Francisco, somos desafiados a fazer um inteligente caminho de discernimento na consciência, sobre elementos ou respostas considerados fundamentais em um determinado momento histórico e que têm uma certa continuidade em outro posterior. Ao cristão, em geral, e ao teólogo e estudante, em particular, há o estímulo em ler, interpretar e discernir com inteligência os sinais dos tempos. Há a instigante tarefa em distinguir o que é perene, no ensino de moral social, com a dinâmica do provisório que tanto nos questiona. A pretensão anacrônica de ler os documentos eclesiais de forma isolada do seu contexto histórico ou aplicá-los em outro contexto é uma falácia das consciências ingênuas a serem superadas mediante um sério processo pedagógico e de formação teológica.

Diante da nossa cultura marcada por uma certa visão apressada da realidade, podemos correr o risco de não captar os valores cristãos e éticos mais profundos latentes nos escritos do magistério pontifício em matéria social. Insistimos no fato de que hoje é urgente o cultivo de uma cultura formativa que supere os fundamentalismos e polarizações sociais e eclesiais. Assim, os documentos da Igreja, lidos e interpretados com sabedoria e inteligência, dão-nos uma oportunidade de atualizarmos, para além de simplificações ingênuas e inocentes, a mensagem do "Evangelho Social" que os cristãos são chamados a viver como resposta à sua vocação de discípulos de Jesus Cristo.

4
Fontes do magistério episcopal latino-americano: Celam, CNBB e cartas

Anexos e estudos

Neste capítulo não será apresentada uma reflexão analítica dos documentos da Igreja, como foi feito anteriormente, mas uma relação de documentos, textos, coletivas e posicionamentos da Conferência Episcopal Latino-Americana, da Conferência Nacional dos Bispos do Brasil e outros textos acerca de questões que se referem à sociedade, à cultura, à política e à relação com problemas próprios de cada época. Priorizou-se apenas os que têm uma relação com os grandes documentos do magistério pontifício, assumindo elementos globais e a sua aplicação na realidade concreta; eis por que foi feito em paralelo com estes textos, que sempre são inspiração para os cristãos de todas as épocas diante dos novos problemas e questões que são colocados.

Serão apresentados neste capítulo, em forma de elenco catalográfico, os principais textos que foram sendo elaborados em paralelo com o magistério pontifício, um magistério episcopal latino-americano, com o escopo de responder a questões concretas colocadas pelos sinais do tempos e para as Igrejas Particulares e/ou Nacionais. Há referências muito interessantes que convém ser conhecidas pelo grande público.

Sabe-se que não é possível pensar na Igreja sem pensar na sociedade, mesmo quando essa relação constitutiva não é assumida pela Igreja de modo consciente e explícito. Todos os posicionamentos inseridos aqui, de forma catalogada pelas conferências episcopais, apresentam-se como fruto amadurecido, de modo análogo aos documentos pontifícios sobre o tema social.

Referências

Magistério da Igreja

CELAM. *Conclusões da Conferência de Puebla: texto oficial* – Evangelização no presente e no futuro da América Latina. 3. ed. São Paulo: Paulinas, 1979.

Concílio Ecumênico Vaticano II – Mensagens, discursos e documentos. São Paulo: Paulinas, 1998.

Constituição Dogmática Dei Verbum – Sobre a revelação divina. São Paulo: Paulinas, 1998.

Constituição Pastoral Gaudium et Spes – Sobre a Igreja no mundo de hoje. São Paulo: Paulinas, 1998.

Decreto *Optatam Totius* – Sobre a formação sacerdotal. São Paulo: Paulinas, 1998.

PAPA BENTO XVI. *Carta Encíclica* Caritas in Veritate – Sobre o desenvolvimento humano integral na caridade e na verdade [Disponível em http://www.vatican.va/content/benedict-xvi/pt/encyclicals/documents/hf_ben-xvi_enc_20090629_caritas-in-veritate.html – Acesso em 14/07/2020].

PAPA FRANCISCO. *Exortação Apostólica Pós-sinodal* Querida Amazônia [Disponível em http://www.vatican.va/content/francesco/pt/apost_exhortations/documents/papa-francesco_esortazione-ap_20200202_querida-amazonia.html – Acesso em 20/07/2020].

_____. *Carta Encíclica* Fratelli Tutti – Sobre a fraternidade e a amizade social [Disponível em http://www.vatican.va/content/francesco/pt/

encyclicals/documents/papa-francesco_20201003_enciclica-fratelli-tutti.html – Acesso em 14/10/2020].

_____. *A verdade vos tornará livres (Jo 8,32):* fake news *e jornalismo de paz* – Mensagem para o Dia Mundial das Comunicações Sociais (13/05/2018) [Disponível em http://w2.vatican.va/content/francesco/pt/messages/communications/documents/papa-francesco_20180124_messaggio-comunicazioni-sociali.html – Acesso em 04/09/2019].

_____. *Carta Encíclica* Laudato Si' – Sobre o cuidado da casa comum. São Paulo: Paulus/Loyola, 2015.

_____. *Exortação Apostólica* Evangelii Gaudium – Sobre o anúncio do Evangelho no mundo atual. São Paulo: Paulinas, 2013.

PAPA JOÃO PAULO II. *Mensagem para o Dia Mundial da Paz de 1º de janeiro de 1991* [Disponível em http://w2.vatican.va/content/john-paul-ii/pt/messages/peace/documents/hf_jp-ii_mes_08121990_xxiv-world-day-for-peace.html – Acesso em 05/10/2019].

_____. *Carta Encíclica* Laborem Exercens – Sobre o trabalho humano. 9. ed. São Paulo: Paulinas, 1991.

_____. *Carta Encíclica* Centesimus Annus – Centenário da *Rerum Novarum.* 2. ed. São Paulo: Paulinas, 1991.

_____. *Carta Encíclica* Sollicitudo Rei Socialis – Sobre a solicitude social da Igreja. Petrópolis: Vozes, 1988.

PAPA JOÃO XXIII. *Carta Encíclica* Mater et Magistra – Sobre a recente evolução da questão social à luz da doutrina cristã [Disponível em http://www.vatican.va/content/john-xxiii/pt/encyclicals/documents/hf_j-xxiii_enc_15051961_mater.html – Acesso em 02/05/2020].

_____. *Carta Encíclica* Pacem in Terris – A paz de todos os povos na base da verdade, justiça, caridade e liberdade [Disponível em http://www.vatican.va/content/john-xxiii/pt/encyclicals/documents/hf_j-xxiii_enc_11041963_pacem.html – Acesso em 02/05/2020].

PAPA LEÃO XIII. *Rerum Novarum* – Carta encíclica sobre a condição dos operários. 16. ed. São Paulo: Paulinas, 2008.

PAPA PAULO VI. *Carta Apostólica* Octogesima Adveniens – Por ocasião do 80° aniversário da Encíclica *Rerum Novarum*, 1971 [Disponível em http://w2.vatican.va/content/paul-vi/pt/apost_letters/documents/hf_p-vi_apl_19710514_octogesima-adveniens.html – Acesso em 04/05/2020].

_____. *Carta Encíclica* Populorum Progressio – Sobre o desenvolvimento dos povos [Disponível em http://www.vatican.va/content/paul-vi/pt/encyclicals/documents/hf_p-vi_enc_26031967_populorum.html – Acesso em 03/05/2020].

PAPA PIO XI. *Carta Encíclica* Quadragesimo Anno – Sobre a restauração do aperfeiçoamento da ordem social em conformidade com a lei evangélica [Disponível em http://www.vatican.va/content/pius-xi/pt/encyclicals/documents/hf_p-xi_enc_19310515_quadragesimo-anno.html – Acesso em 01/05/2020].

PONTIFÍCIA COMISSÃO BÍBLICA. *A interpretação da Bíblia na Igreja.* 5. reimpr. São Paulo: Paulinas, 2016.

Livros em geral

ARMSTRONG, K. *Em nome de Deus* – O fundamentalismo no judaísmo, no cristianismo e no islamismo. São Paulo: Companhia das Letras, 2001.

ARON, R. *A era tecnológica.* Rio de Janeiro: Cadernos Brasileiros, 1965.

AGAMBEN, G. *O que é contemporâneo? e outros ensaios.* Chapecó: Argos, 2009.

ARENDT, H. *A condição humana.* 11. ed. Rio de Janeiro: Forense Universitária, 2010.

As encíclicas sociais de João XXIII – Mater et Magistra: comentários atualizados com a *Pacem in Terris*. Vol. 1 e 2. Rio de Janeiro: José Olympio, 1963.

BANCO MUNDIAL. *Informe sobre el desarrollo mundial 1990* – La pobreza. Washington, 1990.

BAUDRILLARD, J. *À sombra das maiorias silenciosas* – O fim do social e o segmento das massas. São Paulo: Brasiliense, 1985.

BAUMAN, Z. *L'etica in un mondo di consumatori*. Bari: Laterza, 2010.

_____. *La solitudine del citadino globale*. 3. ed. Milão: Feltrinelli, 2000.

_____. *O mal-estar da Pós-modernidade*. Rio de Janeiro: Zahar, 1998.

BECK, U. & WILLMS, J. *Liberdade ou capitalismo*. São Paulo: Unesp, 2003.

BERARDINO, A.; FEDALTO, G. & SIMONETTI, M. (orgs.). *Dicionário de Literatura Patrística*. São Paulo: Ave-Maria, 2010.

BERGMANN, M. *Cristianismo e civilização tecnológica*. Petrópolis: Vozes, 1969.

BERTALANFFY, L. *Teoria generale dei sistemi*: fondamenti, sviluppo, applicazioni. Milão: Oscar Mondadori, 2012.

_____. *Teoria geral dos sistemas*. Petrópolis: Vozes, 1977.

BIGO, P. & ÁVILA, F.B. *Fé cristã e compromisso social* – Elementos para uma reflexão sobre a América Latina à luz da Doutrina Social da Igreja. 3. ed. São Paulo: Paulinas, 1986.

BOBBIO, N. *Teoria geral da política* – A filosofia política e as lições dos clássicos. Rio de Janeiro: Elsevier, 2000.

BOFF, L. *Saber cuidar* – Ética do humano, compaixão pela terra. Petrópolis: Vozes, 2013.

_____. *Ethos Mundial* – Um consenso mínimo entre os humanos. Rio de Janeiro: Sextante, 2003.

_____. *Fundamentalismo* – A globalização e o futuro da humanidade. Rio de Janeiro: Sextante, 2002.

BOGAZ, A.S.; COUTO, M.A. & HANSEN, J.H. *Patrística: caminhos da tradição cristã* – Textos, contextos e espiritualidade da tradição dos Padres da Igreja Antiga nos caminhos de Jesus de Nazaré. São Paulo: Paulus, 2008.

BONORA, A. *Amós, o profeta da justiça*. São Paulo: Paulinas, 1983.

BYK, C. *Tratado de bioética*. São Paulo: Paulus, 2015.

CALLEJA, J.I. *Moral social samaritana I* – Fundamentos e noções de ética econômica cristã. São Paulo: Paulinas, 2006.

CALVEZ, J.-Y. *A economia, o homem e a sociedade* – O ensinamento social da Igreja. São Paulo: Loyola, 1995.

CARRIER, H. *Dottrina sociale* – Nuovo approccio all'insegnamento sociale della Chiesa. Milão: San Paolo, 1993.

CASAVOLA, F.P. *Bioetica* – Una rivoluzione postmoderna. Roma: Salerno, 2013.

CHIAVACCI, E. *Ética social*: o que é, como se faz. São Paulo: Loyola, 2001.

COMBLIN, J. *O neoliberalismo* – Ideologia dominante na virada do século. 3. ed. Petrópolis: Vozes, 2001.

COMISSÃO TEOLÓGICA INTERNACIONAL. *Em busca de uma ética universal* – Novo olhar sobre a lei natural. São Paulo: Paulinas, 2009.

CORTINA, A. *Ética civil e religião*. São Paulo: Paulinas, 1996.

CORTINA, A. & MARTÍNEZ, E. *Ética*. São Paulo: Loyola, 2005.

DUMONT, L. *O individualismo* – Uma perspectiva antropológica da ideologia moderna. Rio de Janeiro: Rocco, 2000.

DURAND, G. *Introdução geral à bioética*: história, conceitos e instrumentos. São Paulo: Loyola/São Camilo, 2003.

EMPOLI, G. *Engenheiros do caos* – Como as *fake news*, as teorias da conspiração e os algoritmos estão sendo utilizados para disseminar ódio, medo e influenciar eleições. São Paulo: Vestígio, 2020.

ENGELHARDT, H.T. *Dopo Dio* – Moral e bioetica in un mondo laico. Turim: Claudiana, 2014.

FOUCAULT, M. *Microfísica do poder*. Rio de Janeiro: Graal, 2004.

FUMAGALLI, A. (ed.). *Il cristiano nel mondo* – Introduzione alla teologia morale. Roma: Ancora, 2010.

GALIMBERTI, U. *Psiche e techne* – L'uomo nell'età della tecnica. Opere XII. 6. ed. Milão: Feltrinelli, 2008.

GEISELBERGER, H. (org.). *A grande regressão*: um debate internacional sobre os novos populismos e como enfrentá-los. São Paulo: Estação Liberdade, 2019.

GEHLEN, A. *Prospettive antropologiche* – L'uomo alla scoperta di sé. Bolonha: Il Mulino, 2005.

_____. *L'uomo* – La sua natura e il suo posto nel mondo. Milão: Feltrinelli, 1983.

GENDRIN, B. *Igreja e sociedade:* comunicação impossível? São Paulo: Paulinas, 1998 [Coleção Comunicação e Estudos].

GIDDENS, A. *Mundo em descontrole* – O que a globalização está fazendo de nós. Rio de Janeiro: Record, 2007.

GOFFI, T. & PIANA, G. (eds.). *Corso di Morale* – 4 Koinonia: Etica della vita sociale. Tomo secondo. Bréscia: Queriniana, 1985.

GOFFMAN, E. *A representação do eu na vida cotidiana.* 11. ed. Petrópolis: Vozes, 2003.

HALE, G. *Il fanatismo* – La propensione all'estremismo e le sue radici psichiche. Milão: San Paolo, 2000.

HAN, B.-C. *No enxame*: perspectivas do digital. Petrópolis: Vozes, 2018.

_____. *Sociedade do cansaço.* 2. ed. Petrópolis: Vozes, 2017.

HEILMAN, A. & KRAFT, H. (eds.). *La teologia dei Padri: testi dei Padri Latini, Greci, Orientali scelti e ordinati per temi* – Vol. III: Vita cristiana, il prossimo, stati di vita cristiana. Roma: Città Nuova, 1975.

HERVIEU-LÉGER, D. *Catholicisme, la fin d'un monde.* Paris: Bayard, 2003.

HINKELAMMERT, F.J. *Crítica à razão utópica.* São Paulo: Paulinas, 1986.

INSTITUTO SUPERIOR DE PASTORAL. *Utopías y esperanza cristiana.* Estella: Verbo Divino, 1996.

JOSAPHAT, C. *Paradigma teológico de Tomás de Aquino: sabedoria e arte de questionar, verificar, debater e dialogar* – Chaves de leitura da *Suma de Teologia*. São Paulo: Paulus, 2012.

_____. *Ética mundial* – Esperança da humanidade globalizada. Petrópolis: Vozes, 2010.

JUNGES, J.R. *Evento Cristo e ação humana* – Temas fundamentais da ética teológica. São Leopoldo: Unisinos, 2001.

KÜNG, H. *Projeto de ética mundial* – Uma moral ecumênica em vista da sobrevivência humana. São Paulo: Paulinas, 1993 [Coleção Teologia Hoje].

LIMA VAZ, H.C. *Escritos de filosofia IV* – Introdução à ética filosófica 1. São Paulo: Loyola, 1999.

LIPOVETSKY, G. *A felicidade paradoxal* – Ensaio sobre a sociedade de hiperconsumo. São Paulo: Companhia das Letras, 2007.

MAFFESOLI, M. *Homo eroticus* – Comunhões emocionais. Rio de Janeiro: Forense, 2014.

MARINS, J.F. & TREVISAN, T.F. *Fundamentalismos*: obsessão contemporânea. Santa Maria: Palloti, [s.d.].

MARITAIN, J. *De la philosophie chrétienne* – Oeuvres complètes, V. Paris/Friburgo, 1982.

MARTELLI, S. *A religião na sociedade pós-moderna, entre secularização e dessecularização.* São Paulo: Paulinas, 1995.

MATIAS, E.F.P. *A humanidade e suas fronteiras* – Do Estado soberano à sociedade global. São Paulo: Paz e Terra, 2005.

McLUHAN, H.M. *Understanding Media.* Londres: Routledge, 1964.

MEEKS, W.A. *As origens da moralidade cristã* – Os dois primeiros séculos. São Paulo: Paulus, 1997.

MIFSUD, T. *Moral social* – Lectura solidaria del continente. Vol. III. Bogotá: Celam, 1994 [Colección de Textos Basicos para Seminarios Latinoamericanos].

MILBANK, J. *Teologia e teoria social* – Para além da razão secular. São Paulo: Loyola, 1995.

MOLTMANN, J. *Doutrina ecológica da criação*. Petrópolis: Vozes, 1993.

MONDIN, B. *Antropologia filosofica: manuale di filosofia sistematica* – Vol. 5: Filosofia della cultura e dell'educazione. Bolonha: Studio Domenicano, 2000.

_____. *Storia della teologia*. Vol. 4. Bolonha: Studio Domenicano, 1997.

MONZEL, N. *Doctrina Social* – Tomo II. Familia, Estado, economia, cultura. Barcelona: Herder, 1972.

MOSER, A. & SOARES, A.M.M. *Bioética*: do consenso ao bom-senso. Petrópolis: Vozes, 2006.

MÜLLER, J.-W. *Qu'est-ce que le populisme?* – Définir enfin la menace. Paris: Premier Parallèle, 2016.

PEINADO, J.V. *Éticas teológicas*: ontem e hoje. São Paulo: Paulus, 1996 [Coleção Nova Práxis Cristã].

PONTIFÍCIO CONSELHO JUSTIÇA E PAZ. *Compêndio da Doutrina Social da Igreja*. São Paulo: Paulinas, 2005.

QUEIRUGA, A.T. *A teologia depois do Vaticano II*: diagnóstico e propostas. São Paulo: Paulinas, 2015.

RAWLS, J. *O liberalismo político*. Lisboa: Presença, 1997.

_____. *Uma teoria da justiça*. Lisboa: Fundamentos, 1993.

SCHNELLE, U. *Teologia do Novo Testamento*. São Paulo/Santo André: Paulus/Academia Cristã, 2010.

SCUDELER, L.G. *Doutrina Social da Igreja e o Vaticano II*. São Paulo: Paulus, 2014.

SELLA, A. *Ética da justiça*. São Paulo: Paulus, 2003.

SICRE, J.L. *A justiça social nos profetas*. São Paulo: Paulinas, 1990.

SILVA, J.M. *Raízes do conservadorismo brasileiro* – A abolição na imprensa e no imaginário social. Rio de Janeiro: Civilização Brasileira, 2017.

SORGE, B. *Introducción a la doctrina social de la Iglesia*. Milão: Sal Terrae, 2017.

SPIAZZI, R. *Enciclopedia del pensiero sociale cristiano*. Bolonha: Studio Domenicano, 1992.

TERRIN, A.N. *Introdução ao estudo comparado das religiões*. São Paulo: Paulinas, 2003.

THEOBALD, C. *La lezione di teologia* – Sfide dell'insegnamento nella postmodernità. Bolonha: EDB, 2014.

THOMAS, K. *O homem e o mundo natural* – Mudanças de atitudes em relação às plantas e aos animais (1500-1800). São Paulo: Companhia das Letras, 1989.

TOMÁS DE AQUINO. *Suma de Teologia*. São Paulo: Loyola, 2005.

TOYNBEE, A. *A humanidade e a Mãe-Terra*. Rio de Janeiro: Zahar, 1982.

VACCARINI, I. *Gli assoluti morali nell'epoca del pluralismo*. Milão: San Paolo, 2001.

VALADIER, P. *Moral em desordem* – Um discurso em defesa do ser humano. São Paulo: Loyola, 2003.

VIDAL, M. *Para conhecer a ética cristã*. 2. ed. São Paulo: Paulus, 2005.

_____. *Moral de atitudes III* – Moral social. 4. ed. Aparecida: Santuário, 1995.

VINCENT, P.-I.A. *La dottrina sociale di Giovanni Paolo II*. Roma: Città Nuova, 1984.

WENDLAND, H.-D. *Éthique du Nouveau Testament* – Introduction aux problèmes. Genebra: Labor et Fides, 1972.

ZUCCARO, C. *Teologia morale fondamentale*. Bréscia: Queriniana, 2013.

Verbetes de dicionários

AUDARD, C. "Justiça – As teorias da justiça e a filosofia moral". In: CANTO-SPERBER, M. (org.). *Dicionário de Ética e Filosofia Moral*. Vol. 1. São Leopoldo: Unisinos, 2003.

ÁVILA, F.B. "Rerum Novarum". In: ÁVILA, F.B. *Pequena Enciclopédia de Doutrina Social da Igreja*. São Paulo: Loyola, 1991.

_____. "Mater et Magistra". In: ÁVILA, F.B. *Pequena Enciclopédia de Doutrina Social da Igreja*. São Paulo: Loyola, 1991.

_____ "Paulo VI". In: ÁVILA, F.B. *Pequena Enciclopédia de Doutrina Social da Igreja*. São Paulo: Loyola, 1991.

BONDOLFI, A. "Sistemas políticos". In: COMPAGNONI, F.; PIANA, G. & PRIVITERA, S. (orgs.). *Dicionário de Teologia Moral*. São Paulo: Paulus, 1997, p. 1.171-1.178.

BORN, A. "Justiça". In: *Dicionário Enciclopédico da Bíblia*. 6. ed. Petrópolis: Vozes, 2004, p. 858-861.

CHIAVACCI, E. "Política". In: COMPAGNONI, F.; PIANA, G. & PRIVITERA, S. (orgs.). *Dicionário de Teologia Moral*. São Paulo: Paulus, 1997, p. 974-982.

FROGNEUX, N. "Technique". In: FROGNEUX, N. (org.). *Dictionnaire Encyclopédique d'Éthique Chrétienne*. Paris: Du Cerf, 2013.

GISMONDI, G. "Tecnologia". In: NITTI, G.T. (org.). *Dizionario Interdisciplinare di Scienza e Fede, Cultura Scientifica, Filosofia e Teologia*. Roma: Urbaniana University Press/Città Nuova, 2002.

LEONE, S. "Ecologia". In: LEONE, S.; PRIVITERA, S. & CUNHA, J.T. (orgs.). *Dicionário de Bioética*. Aparecida: Santuário, 2001, p. 351-355.

LEONE, S. & PRIVITERA, S. "Bioética". In: LEONE, S.; PRIVITERA, S. & CUNHA, J.T. (orgs.). *Dicionário de Bioética*. Aparecida: Santuário, 2001, p. 87-96.

LOHFINK, N. "Aliança". In: LACOSTE, J.-Y. *Dicionário Crítico de Teologia*. São Paulo: Loyola/Paulinas, 2004, p. 86-94.

MARTY, M.E. "Fundamentalismo". In: LACOSTE, J.-Y. *Dicionário Crítico de Teologia*. São Paulo: Loyola, 2004, p. 762-763.

MONDIN, B. "Giustizia". In: MONDIN, B. *Dizionario Enciclopedico del Pensiero di San Tommaso D'Aquino*. Bolonha: Studio Domenicano, 1991.

OSBORN, E. "Ética". In: BERARDINO, A. *Dicionário Patrístico e de Antiguidades Cristãs*. São Paulo/Petrópolis: Paulus/Vozes, 2002, p. 518-522.

PIANA, G. "Doutrina Social da Igreja". In: COMPAGNONI, F.; PIANA, G. & PRIVITERA, S. (orgs.). *Dicionário de Teologia Moral*. São Paulo: Paulus, 1997, p. 248-270.

PORTER, J. "Justiça". In: LACOSTE, J.-Y. *Dicionário Crítico de Teologia*. São Paulo: Loyola/Paulinas, 2004, p. 968-971.

Artigos de periódicos

CALLEJA, J.I. "Neoliberalismo económico y moral cristiana". In: *Moralia*, 20 (4), 1997, p. 1-54.

BOFF, L. "Ecologia e teologia da natureza". In: *Concilium*, 378, n. 5, 2018, p. 45-57.

BRIGHENTI, A. "*Sínodo da Amazônia* – Quatro sonhos e um impasse". In: REB, vol. 80, n. 316, mai.-ago./2020, p. 307-332.

COSTA, O.B.R. "Das relações entre a Modernidade e o fundamentalismo religioso". In: *Teocomunicação*, 44/22, 2014, p. 220-246.

FLEET, M. "O neoconservadorismo na América Latina". In: *Concilium*, 161, 1981/1, p. 83-93.

GUARESCHI, P.A. "Fundamentalismo: enfoque psicossocial". In: *Vida Pastoral*, mai.-jun./1994.

LARAÑA, I.C. "El pensamiento social de Juan Pablo II – Líneas básicas de sus tres encíclicas sociales". In: *Revista de Fomento Social*, 60, 2005.

LOB-HÜDEPOHL, A. "Pontes em vez de barreiras – Potenciais da esperança cristã contra o populismo de direita". In: *Concilium*, 380, 2019/2, p. 92-105.

MABILE, F. "O populismo religioso, novo avatar da crise do político". In: *Concilium*, 380, 2019/2, p. 51-61.

MARTY, M.E. "O que é fundamentalismo? – Perspectivas teológicas". In: *Concilium*, n. 241, 1992/3, p. 13-26.

OTTAVIANI, E. "*Populorum Progressio* 50 anos depois". In: *Cad. Fé e Cultura*, vol. 3, n. 1, 2018, p. 15-35. Campinas.

PELCHAT, M. "L'integrisme catholique". In: *Prêtre et Pasteur*, 99/7, jul.-ago./1996, p. 402-409, esp. p. 405. Quebec.

RÉMOND, R. "L'integrisme catholique: portrait intellectuel". In: *Études*, vol. 370, n. 1, jan./1989, p. 95-105. Paris: Assans.

SÁNCHEZ-CASCADO, P.N. "Il liberalismo del siglo XX como cultura". In: *Revista de Fomento Social*, 54, 1999, p. 419-442.

SELL, C.E. "'Nada será como antes' – A controvérsia eclesiástica sobre o Sínodo dos Bispos da Amazônia (2017-2019). In: *REB*, vol. 80, n. 316, mai.-ago./2020, p. 282-306.

VALADIER, P. "Crise da racionalidade, crise da religião". In: *Perspectiva Teológica*, 126, 2013, p. 283-300.

VV.AA. "Les intégrismes". In: *Revue La Pensée et les Hommes*, n. 2, 1985, p. 9-18.

Capítulos de livros

AGUIRRE, R. & CORMENZANA, F.J.V. "Justiça". In: ELLACU-RÍA, I. & SOBRINO, J. *Mysterium Liberationis* – Conceptos fundamentales de la Teología de la Liberación. Tomo II. Madri: Trotta, 1999, p. 539-577.

ALMEIDA, A.L.B. "A pluralidade hermenêutica como indicativo ético-crítico no horizonte da moral fundamental". In: MILLEN, M.I.C. &

ZACHARIAS, R. *Fundamentalismo*: desafios à ética teológica. Aparecida: Santuário, 2017, p. 151-171.

BOFF, L. "A encíclica do Papa Francisco não é 'verde', é integral. In: MURAD, A. & TAVARES, S. (orgs.). *Cuidar da casa comum* – Chaves de leitura teológicas e pastorais da *Laudato Si'*. São Paulo: Paulinas, 2016, p. 15-23.

CAMPOS, M.S. "Doutrina Social da Igreja e políticas públicas". In: PASSOS, J.D. & SOARES, A.M.L. (orgs.). *Doutrina social e universidade* – O cristianismo desafiado a construir cidadania. São Paulo: Paulinas/ Educ, 2007, p. 199-234, esp. p. 201.

CERQUEIRA, C.; GUIA, F. & SOUSA, J. "Informar, formar ou entreter? – Os meios de comunicação e a formação de uma juventude crítica e cidadã". In: *Infância & Consumo* – Estudos no campo da comunicação. Brasília: Andi/Instituto Alana, 2009, p. 145-157.

CESCON, E. "O fundamentalismo religioso e a paz". In: CESCON, E. & NODARI, P.C. (orgs.). *Filosofia, ética e educação* – Por uma cultura da paz. São Paulo: Paulinas, 2011, p. 401-438.

GARCIA, L.G. "Coscienza morale e nuova creatura in Jacques Maritain". In: LOBATO, A. (org.). *Crisi e risveglio della coscienza morale nel nostro tempo*. Bolonha: Studio Domenicano, 1989, p. 152-164.

GORGULHO, G.S. "Hermeneutica biblica". In: ELLACURÍA, I. & SOBRINO, J. *Mysterium Liberationis* – Conceptos fundamentales de la Teología de la Liberación. Tomo I. Madri: Trotta, 1990, p. 169-200.

GRACIA, D. "Enfoque geral da bioética". In: VIDAL, M. *Ética teológica* – Conceitos fundamentais. Petrópolis: Vozes, 1999, p. 385-400.

JÚNIOR, F.A. "Fé cristã e superação da crise ecológica: abordagem teológica". In: MURAD, A. & TAVARES, S.S. (orgs.). *Cuidar da casa comum* – Chaves de leitura teológicas e pastorais da *Laudato Si'*. São Paulo: Paulinas, 2016, p. 24-39.

KONINGS, J. "Raízes bíblicas do humanismo social cristão". In: OSOWSKI, C. (org.). *Teologia e humanismo social cristão* – Traçando rotas. São Leopoldo: Unisinos, 2000, p. 39-59.

LAGE, F. "Aliança e lei". In: VIDAL, M. *Ética teológica* – Conceitos fundamentais. Petrópolis: Vozes, 1999, p. 33-45.

MAÇANEIRO, M. "A ecologia e o Ensino Social da Igreja: inscrição e alcances de um paradigma". In: ZACHARIAS, R. & MANZINI, R. (orgs.). *Magistério e Doutrina Social da Igreja* – Continuidades e desafios. São Paulo: Paulinas, 2016, p. 230-283.

MADELIN, H. "A crise civilizacional e os desafios para o ensino social da Igreja". In: OSOWSKI, C. & MÉLO, J.L.B. (orgs.). *O Ensino Social da Igreja e a globalização*. São Leopoldo: Unisinos, 2002.

MARIZ, C.L. "Catolicismo no Brasil contemporâneo: reavivamento e diversidade". In: TEIXEIRA, F. & MENEZES, R. (orgs.). *As religiões no Brasil:* continuidades e rupturas. Petrópolis: Vozes, 2006, p. 53-68.

MONDIN, B. "Audiência de João XXIII do dia 30 de novembro de 1960". In: MONDIN, B. *Storia della teologia*. Vol. 4. Bolonha: Studio Domenicano, 1997.

OLIVEIRA, C.-J.P. "Une morale de liberté évangélique aux prises avec une église de pécheurs – La Loi nouvelle et sa praticabilité selon Saint Thomas d'Aquin (I-II, 106-108)". In: OLIVEIRA, C.-J.P. (ed.). *Novitas et veritas vitae: Aux sources du renouveau de la morale chrétienne* – Mélanges offerts au Professeur Servais Pinckaers à l'occasion de son 65º anniversaire. Friburgo/Paris: Universitaire/Du Cerf, 1991.

OSA, J.R.L. "Política e moral". In: VIDAL, M. (org.). *Ética teológica*: conceitos fundamentais. Petrópolis: Vozes, 1999, p. 638-647.

PASSOS, J.D. "Aspectos metodológicos da Encíclica *Laudato Si'*". In: PASSOS, J.D. (org.). *Diálogos no interior da casa comum* – Recepções interdisciplinares sobre a Encíclica *Laudato Si'*. São Paulo: Paulus/Educ, 2016, p. 73-94.

PÉREZ-SOBA, J.J. & DE LA TORRE, J.J. "Il cuore del vangelo, la conversione cristiana: integrare la vita nella chiamata di Cristo – Note introduttive". In: PÉREZ-SOBA, J.J. & DE LA TORRE, J.J. *Primato del Vangelo e luogo della morale*: gerarchia e unità nella proposta cristiana. Siena: Cantagalli, 2015, p. 15-31.

SAUL, J.S. "Globalização, imperialismo, desenvolvimento: falsas dicotomias e resoluções radicais". In: PANITCH, L. & LEYS, C. (orgs.). *O novo desafio imperial* – Socialist Register 2004. São Paulo: Merlin/Clacso, 2006.

SICRE, J.L. "Profetismo e ética". In: VIDAL, M. *Ética teológica* – Conceitos fundamentais. Petrópolis: Vozes, 1999, p. 46-60.

SOBRINO, J. "Centralidad del Reino de Dios en la teología de la liberación". In: ELLACURÍA, I. & SOBRINO, J. *Mysterium Liberationis* – Conceptos fundamentales de la Teología de la Liberación. Tomo I. Madri: Trotta, p. 467-510.

SOSA, N.M. "Ecologia e ética". In: VIDAL, M. *Ética teológica* – Conceitos fundamentais. Petrópolis: Vozes, 1999, p. 783-795.

SUSIN, L.C. "O ato de religião como virtude e seus vícios sobre fundamentalismo, fanatismo, esquizocrentes: patologias e remédios. In: MILLEN, M.I.C. & ZACHARIAS, R. *Fundamentalismo*: desafios à ética teológica. Aparecida: Santuário, 2017, p. 195-222.

TAVARES, S.S. "Por uma recepção criativa da *Laudato Si'*". In: MURAD, A. & TAVARES, S.S. (orgs.). *Cuidar da casa comum* – Chaves de leitura teológicas e pastorais da *Laudato Si'*. São Paulo: Paulinas, 2016, p. 7-14.

TRASFERETTI, J.A. & CORDEIRO, V.L. "Ética teológica, direitos humanos e *fake news*". In: MILLEN, M.I.C. & ZACHARIAS, R. (orgs.). *Ética teológica e direitos humanos*. Aparecida: Santuário, 2018, p. 139-169.

VITO, F. "Transformações econômicas e doutrina social católica". In: VITO, F. (org.). *A Encíclica* Mater et Magistra *e a hodierna questão social*. São Paulo: Paulinas, 1962, p. 11-35.

WANDERLEY, L.E.W. "Modernidade, Pós-modernidade e implicações na questão social latino-americana". In: BERNARDO, T. & RESENDE, P.-E.A. *Ciências sociais na atualidade*: realidades e imaginários. São Paulo: Paulus, 2007, p. 47-85.

Fontes eletrônicas gerais

ALMEIDA, V.; DONEDA, D. & LEMOS, R. "Com avanço tecnológico, *fake news* vão entrar em fase nova e preocupante. In: *Folha de S. Paulo* – Ilustríssima, 08/04/2018, p. 5 [Disponível em https://www1.folha.uol.com.br/ilustrissima/2018/04/com-avanco-tecnologico-fake-news-vao-entrar-em-fase-nova-e-preocupante.shtml – Acesso em 04/09/2019].

INSTITUTO HUMANITAS UNISINOS. *Análise de quatro teólogos sobre as conclusões de* Fratelli Tutti [Disponível em http://www.ihu.unisinos.br/603667-analise-de-quatro-teologos-sobre-as-conclusoes-de-fratelli-tutti – Acesso em 20/10/2020].

SILVA, E.R. & SCHRAMM, F.R. *A questão ecológica*: entre ciência e a ideologia/utopia de uma época [Disponível em http://www.scielo.br/scielo.php?script=sci_arttext&pid=S0102-311X1997000300002 – Acesso em 10/04/2020].

Índice

Sumário, 5

Apresentação à segunda edição da Coleção Iniciação à Teologia, 7

Prefácio, 11

Introdução, 13

Parte I – Desafios e perspectivas contemporâneas, 15

1 Desafios teológico-sociais do passado, 19

1.1 A justiça em uma cultura do anestesiamento da consciência crítica, 19

1.2 A globalização e as novas fronteiras da economia mundial, 27

1.3 As críticas aos sistemas/modelos ideológicos (neo)liberais e socialistas, 33

2 Desafios teológico-sociais de hoje, 42

2.1 O impacto das novas tecnologias e as *fake news*, 43

2.2 O fenômeno do fundamentalismo: entre o fanatismo e o neoconservadorismo, 51

2.3 A política diante da despolitização e o retorno dos populismos, 64

3 Perspectivas atuais de diálogo na moral social de inspiração cristã, 74

3.1 A ética mundial e a busca por um diálogo ecumênico universal e social, 75

3.2 A questão ecológica e a moral social: perspectivas e reflexões, 83

3.3 A bioética e a preocupação social: um olhar panorâmico, 90

Parte II – Fundamentos e fontes teológicas da moral social, 97

1 Perspectivas e fontes bíblicas, 103

1.1 A *justiça* e a *aliança* no primeiro testamento: fontes da moral social cristã, 105

1.2 O Reino na pregação de Jesus: fonte inspiradora da moral social cristã, 112

2 Fundamentos e perspectivas patrísticas e medievais, 118

2.1 A moral social na patrística: perspectivas gerais, 118

2.2 A moral social na Idade Média e escolástica: perspectivas gerais, 129

2.3 A síntese de Santo Tomás de Aquino sobre a justiça, 135

3 Principais fontes do magistério pontifício social: de Leão XIII a Francisco, 142

3.1 *Rerum Novarum*, de Leão XIII, 143

3.2 *Quadragesimo Anno*, de Pio XI, 147

3.3 *Mater et Magistra*, de João XXIII, 151

3.4 *Pacem in Terris*, de João XXIII, 154

3.5 *Populorum Progressio*, de Paulo VI, 157

3.6 *Octogesima Adveniens*, de Paulo VI, 161

3.7 *Laborem Exercens*, de João Paulo II, 165

3.8 *Sollicitudo Rei Socialis*, de João Paulo II, 168

3.9 *Centesimus Annus*, de João Paulo II, 172

3.10 *Caritas in Veritate*, de Bento XVI, 174

3.11 *Laudato Si'*, de Francisco, 180

3.12 *Querida Amazônia*, de Francisco, 185

3.13 *Fratelli Tutti*, de Francisco, 191

4 Fontes do magistério episcopal latino-americano: Celam, CNBB e cartas – Anexos e estudos, 198

Referências, 201

COLEÇÃO INICIAÇÃO À TEOLOGIA
Coordenadores: Welder Lancieri Marchini e Francisco Morás

- *Teologia Moral: questões vitais*
  Antônio Moser
- *Liturgia*
  Frei Alberto Beckhäuser
- *Mariologia*
  Clodovis Boff
- *Bioética: do consenso ao bom-senso*
  Antônio Moser e André Marcelo M. Soares
- *Mariologia – Interpelações para a vida e para a fé*
  Lina Boff
- *Antropologia teológica – Salvação cristã: salvos de quê e para quê?*
  Alfonso García Rubio
- *A Bíblia – Elementos historiográficos e literários*
  Carlos Frederico Schlaepfer, Francisco Rodrigues Orofino e
  Isidoro Mazzarolo
- *Moral Fundamental*
  Frei Nilo Agostini
- *Direito Canônico – O povo de Deus e a vivência dos sacramentos*
  Ivo Müller, OFM
- *Estudar teologia – Iniciação e método*
  Henrique Cristiano José Matos
- *História da Igreja – Notas introdutórias*
  Ney de Souza
- *Direito Canônico*
  Pe. Mário Luiz Menezes Gonçalves
- *Trindade – Mistério de relação*
  João Fernandes Reinert
- *Teologia Fundamental*
  Donizete Xavier
- *Teologia Pastoral – A inteligência reflexa da ação evangelizadora*
  Agenor Brighenti
- *Moral Social*
  Fr. André Luiz Boccato de Almeida, OP

Jesus – A enciclopédia

O cristianismo tem em Jesus a figura emblemática de seu fundador, e, por mais que se discuta qual é o seu papel na origem do cristianismo, torna-se inegável a sua influência, sobretudo a dos evangelhos, na constituição grupal dos cristãos. Também é certo que os evangelhos não são textos históricos, por mais que tenham elementos históricos. Então, o que é possível afirmar sobre Jesus? Esta não é uma pergunta que se limita à cristologia ou à teologia cristã, mas faz do homem de Nazaré um objeto da história, seja ela em âmbito da história geral, seja a história da Palestina da época de Jesus.

Para a reconstrução dos textos bíblicos a obra *Jesus – A enciclopédia* faz uso de dois importantes instrumentos: a história e a exegese. Eles possibilitam um melhor e mais acertado entendimento dos textos bíblicos e, consequentemente, de sua interpretação. Justamente a história e a exegese possibilitam que essa obra dialogue com os vários textos de teologia espalhados pelo Brasil, sejam eles de graduação, sejam eles de pós. Estes podem contar com textos de autores já conhecidos do público brasileiro como Marie-Françoise Baslez, Christoph Theobald e Daniel Marguerat, entre outros.

Ao leitor não acadêmico ou de outras áreas, que não a teologia, essa obra, que conta com dezenas de autores, mostra-se um itinerário que percorre os textos bíblicos ou as situações vividas pelo cristianismo, de modo a oferecer leituras e perspectivas. Figuram entre os autores nomes conhecidos como André Comte-Sponville e Edgar Morin.

CULTURAL

Administração
Antropologia
Biografias
Comunicação
Dinâmicas e Jogos
Ecologia e Meio Ambiente
Educação e Pedagogia
Filosofia
História
Letras e Literatura
Obras de referência
Política
Psicologia
Saúde e Nutrição
Serviço Social e Trabalho
Sociologia

CATEQUÉTICO PASTORAL

Catequese
  Geral
  Crisma
  Primeira Eucaristia

  Pastoral
  Geral
  Sacramental
  Familiar
  Social
  Ensino Religioso Escolar

TEOLÓGICO ESPIRITUAL

Biografias
Devocionários
Espiritualidade e Mística
Espiritualidade Mariana
Franciscanismo
Autoconhecimento
Liturgia
Obras de referência
Sagrada Escritura e Livros Apócrifos

Teologia
  Bíblica
  Histórica
  Prática
  Sistemática

VOZES NOBILIS

Uma linha editorial especial, com importantes autores, alto valor agregado e qualidade superior.

REVISTAS

Concilium
Estudos Bíblicos
Grande Sinal
REB (Revista Eclesiástica Brasileira)

VOZES DE BOLSO

Obras clássicas de Ciências Humanas em formato de bolso.

PRODUTOS SAZONAIS

Folhinha do Sagrado Coração de Jesus
Calendário de mesa do Sagrado Coração de Jesus
Agenda do Sagrado Coração de Jesus
Almanaque Santo Antônio
Agendinha
Diário Vozes
Meditações para o dia a dia
Encontro diário com Deus
Guia Litúrgico

CADASTRE-SE
www.vozes.com.br

EDITORA VOZES LTDA.
Rua Frei Luís, 100 – Centro – Cep 25689-900 – Petrópolis, RJ
Tel.: (24) 2233-9000 – Fax: (24) 2231-4676 – E-mail: vendas@vozes.com.br

UNIDADES NO BRASIL: Belo Horizonte, MG – Brasília, DF – Campinas, SP – Cuiabá, MT
Curitiba, PR – Fortaleza, CE – Goiânia, GO – Juiz de Fora, MG
Manaus, AM – Petrópolis, RJ – Porto Alegre, RS – Recife, PE – Rio de Janeiro, RJ
Salvador, BA – São Paulo, SP